열일곱의 맛 철학

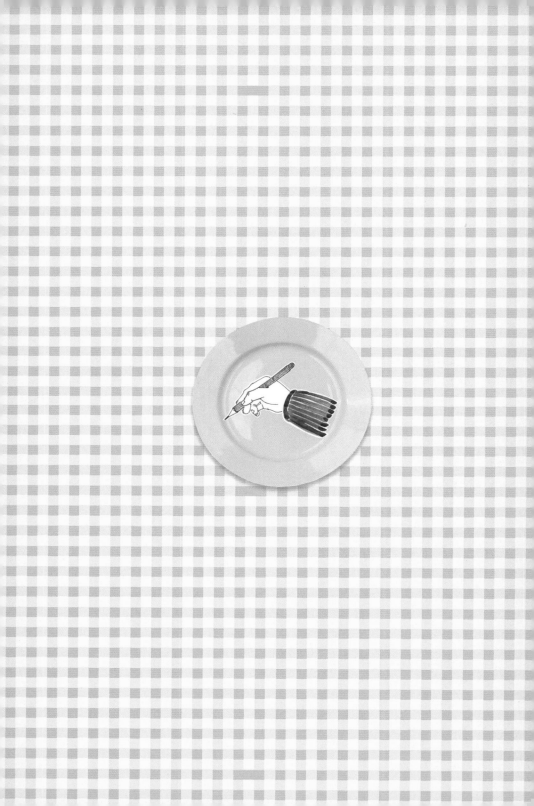

열일곱의 맛 철학

정수임 지음

북멘토

차례

열일곱의 맛 철학

20××년 3월 ○○일 　　　　　　　　　목록보기 | 요약보기 | 펼쳐보기

프롤로그 :

글은 왜 쓰니?

　안녕하세요? 제 이름은 '풍미'입니다. 고1 남학생이죠. 풍미
는 가명이고요, 앞으로 쓰게 될 이름들도 모두 가명이에요.
　글을 왜 쓰냐고요? 어쩌면 바로 이 한마디 때문일지도 모
르겠네요.

　"너, 글 한번 써 보지 않을래?"

　짙은 갈색의 염색 머리, 줄여 입은 치마가 아슬아슬한 그
아이가 글쓰기 동아리에 들어오지 않겠냐고 물었습니다. 남

중을 나온 제가 이렇게 가까이에서 여학생을 마주하니 정신이 아득해지는 것 같더군요. 겉으로는 아닌 척했지만 사실 질문의 내용이 무엇인지도 모른 채 "그래."라고 대답해 버렸어요. 그 뒤의 후회는 어쩔 수 없는 것이었지만, 돌이켜 보면 그 덕분에 이 연재를 시작할 수 있게 되었습니다.

글쓰기 동아리 방의 문을 열고 들어서니 저처럼 얼결에 걸려든 것 같은 녀석들이 몇몇 보였습니다. '아마 쟤들도 제정신으로 대답하진 않았을 거야. 미친놈들.' 하는 생각이 머리를 스쳤습니다. 그리고 등장한 국어 샘. 스스로를 '쉼 샘'이라는, 국어 시간이 쉼표나 휴식 같았으면 좋겠다던 바로 그 국어 샘이 들어오시더니 매우 짧게 한마디를 던지셨지요.

"너네, 1년 동안 쓰고 싶은 거 자유롭게 써 봐!"

머리가 띵해지는 느낌이었습니다. '헐, 뭐야! 동아리 나가야겠네.'라는 생각도 들었지요. 샘은 이어서 말씀하셨어요.

"각자 자기가 제일 좋아하는 걸 소재로 택해서 쓰는 거야!"

달아나야겠다는 생각은 어디론가 사라지고 어느새 저는 제일 좋아하는 게 뭔지를 생각했습니다. 내가 제일 좋아하는 거? 그건 바로 먹는 거죠! ㅋㅋㅋ 마침 저를 알아본 쉼 샘이 제게 뭘 좋아하느냐 물으시기에 저는 냉큼 "먹는 거 제일 좋아해요!"라고 당당하게 대답했습니다. 저의 이 당당함에 어색함이 감돌던 동아리 방은 키득거림으로 들썩였고, 동시에 온기 있는 말들로 채워지기 시작했습니다. 따뜻한 코코아의 달달함이 퍼지듯 저마다의 취향을 이야기하기 시작했으니까요. "먹는 거 싫어하는 사람이 어디 있냐?"에서부터 "난 치느님!", "난 떡볶이." 하는 소리가 들리기 시작했죠.

"오, 풍미! 좋은 소재인걸! 누구든 먹지 않고는 살 수 없으니까. 잘 생각해서 쓰면 좋은 글이 될 수 있을 거 같아. 그럼 풍미는 먹는 이야기를 써 보는 거야!"

"에이, 샘두. 먹는 걸로 뭘 어떻게 써요?"라고 말했지만 속으론 '한번 써 볼까?' 하는 생각이 들었어요. 이렇게 저는 글을 쓰게 되었어요. '한번 써 볼까? 할 수 있을까?' 하는 생각으로 말이지요. 이것이 학교에서 집, 집에서 학교까지를 오가며 보던 수많은 음식점, 편의점, 배달 오토바이, 집에 오면 가장 먼저 열어 보는 냉장고마저도 새롭게 보인 까닭이에요.

쉼 샘은 각자 글을 연재할 블로그를 하나씩 만들고 주소를

. . . .

알려 달라고 하셨죠. 당분간 선생님 외에 친구들에겐 비밀로 하기로 했어요. 왜냐고요? 부끄럽잖아요. ㅋㅋ

#연재시작 #글쓰기를왜한다고해가지고 #내가끝까지쓸수있을까 #먹는이야기 ♥4 √등록

    ∟ 우아! 대박! 연재 끝까지 하기 바람!

        ∟ 앗, ㄱㅅ. 저도 끝까지 할 수 있기를 바라는 중입니다.

    ∟ 그 여자애 진심 궁금함.

        ∟ 별로 안 궁금해하셔도 되심. 저도 아직 잘 모름.

    ∟ 어느 학교 다니심? 금방 신상 털릴 텐데, 걱정됨.

        ∟ 털지 말고 글만 읽어 주길 바람. 저도 님을 궁금해하진 않을 거니까요.

길#거리 편

└ 길,
└ 피고 지는 꽃처럼
└
└
└

오늘은 글을 쓰기로 한 첫날이다. 방문자 수 '0', 아무것
도 포스팅 하지 않은 이 블로그에 나만의 먹방, 먹스타, 먹부림을
시작해 볼 작정이다.

나는 먹는 것을 좋아한다. 단지 무엇을 먹는다가 아니라 먹기의
전, 중, 후 과정 전체를 좋아한다. 먹기 전의 설렘과 기대, 먹을 때
느껴지는 온갖 종류의 맛, 먹고 나서의 포만감 등등 나는 먹기의 전
과정이 좋다. 그래서 '넣고, 씹고, 삼키고'에만 집중되는 먹방이 불
편하고, 남들에게만 보여 주려는 먹스타나 먹부림은 솔직해 보이
지 않아 싫다.

이제부터 나는 이곳에 '열일곱의 맛 철학'이라는 제목으로 먹는
것과 관련된 철학적인 생각들을 연재해 볼까 한다. '개뿔, 철학 같

은 소리 하고 있네.'라는 댓글이 예상된다. '네, 맞습니다. 저는 철학이 뭔지 아직 모르겠고 공부한 적도 없습니다.'라고 말해야겠다. 만약에 누군가 이 글을 읽고 댓글까지 남겨 준다면 말이다. 철학이 뭔지는 아직 잘 모르지만 삶과 죽음의 문제와 매우 밀접하다는 어렴풋한 느낌은 있다. 산다는 것과 죽는다는 것, 그것은 바로 먹는 것과 밀접한 일 아닌가?

집에서 학교까지의 거리는 버스로 두 정거장, 걸어서는 18분 정도가 걸린다. 그 길에 편의점과 빵집, 음식점 들이 들쑥날쑥 들어서 있다. 많고 많은 가게들 중 내가 즐겨 찾는 곳은 딸기잼, 땅콩버터를 바르지 않아도 짭짤하고 고소한 식빵을 직접 만들어 파는 식빵 전문점이다. 식빵은 크기나 맛에서 모두 가성비가 높고, 보들보들한 빵을 손으로 찢어 먹는 재미도 있다. 또 생크림이나 햄 따위가 든 빵들에 비해 애들한테 인터셉트될 확률도 훨씬 적다.

하지만 실제로 식빵을 만드는 과정을 보면 가성비가 높은 빵은 아니다. 한때 베이킹에 도전했던 엄마는 닭가슴살처럼 찢어지는 식빵을 만들겠다며 몇 봉지인지 모를 밀가루를 버리곤 했다. 끝끝내 나는 닭가슴살 같은 식빵을 먹어 보진 못했지만 그때의 기억을 더듬어 봤을 때 식빵은 분명 꽤 오랜 시간을 필요로 하는 빵이다. 엄마는 밀가루를 부풀렸다가 모양을 만들고 다시 기다리기를 반복했다. 그러니 재료비와 상관없이 만드는 시간만을 기준으로 한다면

식빵의 가성비는 무척이나 떨어진다. 하지만 이 비효율적인 빵은 단팥빵, 소보로빵, 피자빵 등을 만드는 기본이 된다. 스스로는 심심한 맛이지만 함께 섞이는 요소들을 빛나게 해 주는 맛이라고나 할까? 나에게 식빵은 기다림의 시간만큼 은근하고 수수한 맛이다.

이러한 즐거움을 주던 식빵집이 문을 닫았다. 우유식빵, 옥수수식빵에서 한 단계 업글하여 수박식빵, 초코식빵, 치즈식빵까지도 팔던 집이었는데 한 블록 옆에 생긴 프랜차이즈 빵집을 이겨 낼 힘은 없었던 것 같다.

문 닫은 식빵집을 생각하다 보니 길 위의 모든 음식점들이 마치 금세 피었다 사라지는 꽃을 닮았다는 생각이 들었다. 카스텔라, 핫도그, 과일 주스 가게처럼 한꺼번에 피었다가 사라지는 벚꽃 같은 음식점들도 있고 김치찌개, 삼겹살, 냉면 가게처럼 꽃이 천 일을 간다는 천일홍 같은 음식점들도 있다. 하지만 길을 따라 생긴 음식점들이 꽃과 같더라도 가만히 서서 냄새만 맡는다고 배가 부를 수 없다. 돈이 있어야 그 문을 밀고 들어가 배를 채울 수 있다. 갑자기 길거리의 꽃들이 유혹하는 것은 두둑한 지갑일 뿐이라는 생각이 들어 씁쓸해졌다. 돈은 그 자체를 먹을 수는 없지만 돈이 없으면 아무것도 먹을 수가 없다. 생물 시간에 배운 생태계 피라미드, 사회 시간에 배운 자본주의 같은 말들이 떠올랐다. 만약 인간 사회에도 생태계의 피라미드가 있다면 나는 어디쯤 해당될까?

#열일곱의맛철학 #연재시작 #맛철학 #식생활탐구 #길거리음식과돈 #생태계피라미드 ♥6

ㄴ 식빵집 망한 걸로 별생각을 다 하심.

  ㄴ 네, 그래도 끝까지 읽어 주셨군요. 쿨럭쿨럭. 감사! 그 망한 식빵집을 제가 좀 좋아해서….

ㄴ 길 위의 음식점들을 꽃에다 비유하셨네요. 어쩌면 꽃향기보다 더 좋은 향으로 가득 찬 곳이 길일 수도 있겠어요. ㅋㅋ 배고파요….

  ㄴ 아! 감사합니다!!!

┗, 다음 이야기는 뭐예요?

　┗, 아직, 잘 모르겠어요. 먹고 싶은 거, 먹었던 이야기 들려주세요~

┗, 풍미, 안녕! 나는 쉼 샘이당!

　┗, 헐!!!!!!

　　┗, 뭘, 그렇게 놀랄 필요까진. 풍미야, 샘이 너의 글에 짧은 이야기 하
　　　나를 덧붙이고 싶은데 괜찮을까? 샘이 써서 보내 주면 네가 올려
　　　줘. 카테고리는 '쉼 샘의 한 스푼!' ^^

　　　┗, 아… 네….

√등록

　　안녕, 나는 풍미가 이야기한 바로 그 쉼 샘이야. 앞으로 풍미의
연재에 딱 한 스푼만 얹으려고 하는데, 괜찮겠지? 풍미의 말처럼
길거리의 수많은 음식점들은 고소, 매콤, 달콤 등 저마다의 향을
뿜어내며 지나는 사람들을 유혹해. 하지만 무턱대고 유혹을 따라
갔다간 큰코다칠 수 있어. 왜냐하면 그 유혹엔 값을 지불해야 하
기 때문이지. 먹는 일 외에도 입는 일, 쉬는 일 심지어 노는 일에
도 일정한 가격을 지불해야 해. 이 가운데 풍미가 소재로 삼은 음
식들, 즉 먹는 일은 죽느냐 사느냐와 매우 밀접한 관련을 가지고
있어. 죽음은 누구에게나 공평하게 찾아오지만 죽음에 이르는 과
정, 즉 먹고사는 풍경은 너무나 달라. 풍미가 불공평하다고 느낀
것도 바로 먹고사는 풍경이고, 이 풍경의 차이가 바로 돈, '자본'의
차이 때문에 생겨난다는 걸 풍미는 깨달았어. 세상은 왜 이렇게
불공평하지?

　　사실 부의 불평등한 분배 문제는 아주 오래전부터 많은 이들이
고민해 왔지만 여전히 해결하지 못했지. 사회학자인 지그문트 바
우만의 말에 따르면 세계 전체의 부가 증가하는 것과 대중의 부가
증가하는 것은 아무 상관이 없다고 해. 그것은 세계 1%에 속한 이

들의 부가 증가한 것이기 때문이지. 뉴스에서 국민 총생산, GNP
가 증가했다고 해도 정작 부모님의 지갑이 두둑해지진 않는 것과
같은 거지. 이렇듯 전체의 부가 증가하는 것과 개인이 부유해지는
것과는 무관해. 다시 말해 바로 너, 나와는 무관하다는 얘기지. 하
지만 우리는 길거리의 떡볶이나 핫도그를 사 먹으면서 이 중요한
사실을 종종 잊어. 그 덕분에 자본주의라는 생태계는 지금도 잘
유지되고 있지. 그렇다고 이런 세상에 반기를 들고 도시를 떠나
산속으로 간다고 해서 문제가 해결되는 것도 아니야. 지구의 어느
곳도 자본주의로부터 자유롭지 못하거든. 그렇다면 어떻게 해야
할까? 그건 앞으로 우리 모두가 함께 풀어 가야 할 문제인 것 같
아. '어떻게 세상을 바라보고 살아가야 할까? 어떻게 하면 조금 다
른 방식으로 살아갈 수 있을까? 어떻게 하면 조금 다른 미래를 만
들어 갈 수 있을까?' 하고 고민하며 말이야.

└ 붕어빵,
└ 붕어빵의 붕어는
└ 어디로 갔을까?

└

└

사각형 세상 속에서 나는 왕이다. 블록을 무너뜨리고 쌓으며 성을 만들고 길을 만든다. 네모난 화면 속 세상은 내가 만드는 대로 된다. 하지만 스마트폰을 끄면 별 볼 일 없는 현실로 되돌아온다. 허무하다.

3월이기는 하지만 아직은 바람이 차가운 날이었다. 학교가 끝나고 집으로 오는 길에 동아리 방에서 만났던 그 여자애를 다시 보았다. 그 애의 이름은 '고은미', 라디오 작가가 꿈이라고 했다. 내가 그 아이에 대해 아는 것이라고는 이게 전부다. 그럼에도 은미와의 거리가 가까워지면서 나는 알은체를 해야 할지 말아야 할지를 고민했다. 그런데, "어? 풍미다! 안녕." 하고 은미가 먼저 인사를 건넸다.

"어, 어……. 안녕."

더듬대며 인사 하나 제대로 못 하는 스스로를 향해 '이런 등신 새끼!' 욕을 날렸다.

"풍미야, 이거 먹을래?"

"붕어빵이네? 맛있겠다. 먹어도 돼? 너는?"

"나는 먹었어. 날도 추운데, 너 먹어."

"응, 고마워. 다음엔 내가 사 줄게."

"큭큭, 그래. 다음엔 네가 사 줘. 근데 왜 붕어빵은 붕어빵이 되었을까? 그냥 궁금했어. 다른 모양도 많은데 왜 하필이면 붕어가 되었을까 하고."

"……."

"나는 여기 학원 가야 해. 낼 봐. 우연히 만나니까 반갑네."

지금 생각해도 은미의 '반갑네'라는 말에 얼굴이 붉어지고 심장이 두근거린다. 그리고 은미가 남긴 질문을 왠지 꼭 해결해야만 할 것 같은 의무감이 든다. 그래, 오늘의 글쓰기 주제는 '붕어빵', 너로 정했다! 붕어빵은 어쩌다 붕어빵이 되었을까? 그리고 붕어빵의 붕어는 다 어디로 갔을까?

일단 '붕어'를 검색하여 여기저기 자료를 찾다 보니 붕어는 빵뿐 아니라 아이스크림, 과자, 접시, 그림책 심지어 텔레비전 프로그램 등 다양한 곳에서 활약하고 있었다. 어쩌다 붕어는 수많은 물고기들을 물리치고 이렇게 많은 곳에 등장하게 되었을까. 얕은 강물을 따라 흐르며 사는 피라미들과 달리 몸집이 큰 붕어는 쉽게 보거나 먹을 수 있는 종류는 아니었을 거다. 좀 있는 사람들은 깊은 연못을 파 그 안에 붕어들을 풀어 놓고 자랑했을 수도 있다. 붕어는 단순한 물고기가 아니라 자랑의 대상, 가지고 싶지만 쉽게 가질 수 없는 대상이었으리라. 어쩌면 붕어빵의 시작은 이런 바람과 관련 있지 않았을까, 혼자 생각해 본다.

세상엔 온통 가질 수 없는 것들뿐이다. 흔히 말하는 명품의 짝꿍인 짝퉁들이 붕어빵처럼 틀에 찍혀 유통되는 까닭도 가질 수 없는 것을 갖고 싶은 마음 때문이다. 내가 누구누구의 스타일로 머리를 자르고 트레이닝복을 고르는 것도 비슷한 이유다. 하지만 모양을 따라 한다고 해서 진짜가 될 수는 없다. 유유히 물결을 가르는 붕어의 모습을 닮아 있지만 입안에 들어온 붕어빵은 단맛만 남기곤 곧 사라지고 만다. 따스한 온기가 입안에 퍼져 안으로 스며드는 동안의 행복도 곧 사라진다. 이제 입안에는 팥의 까끌까끌함과 단맛 뒤의 텁텁함만이 남는다. 누군가를, 무엇인가를 따라 했을 때의 느낌도 이와 비슷하지 않을까? 잠시 다른 사람이 된 듯한 착각으로 행복할 수는 있지만 그 행복이 지속될 수는 없으니까.

은미가 준 봉지에는 붕어빵 세 마리가 남아 있었다. 커다란 호수 대신 좁다란 종이봉투 속 붕어는 메말라 있고 숨이 죽어 배가 홀쭉해져 있었다. 나는 그중에 두 마리를 먹고 한 마리는 책상 위에 놓아두었다. 게임 속에서 열심히 블록을 부수고 쌓아 성을 만들어도

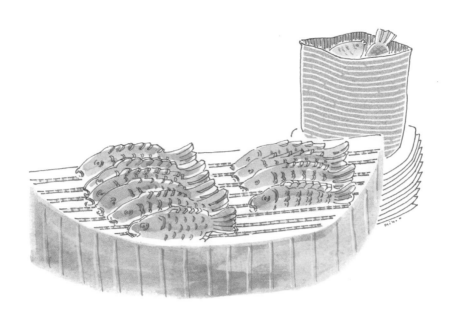

그 성은 내 것이 아니다. 홀쭉해진 붕어빵과 존재하지 않는 게임 속 세상의 내가 서로 닮은 것 같다는 생각이 들었다.

어쩌면 세상엔 같은 틀에서 찍혀 나온 붕어빵 같은 사람들이 엄청나게 많을지도 모른다. 자신이 누군지도 모르고 자신이 무엇을 위하는지도 모른 채 누군가를 뒤따라가는 중일지도 모르겠다. 남은 한 마리의 붕어를 보며 같은 틀에서 나왔을 수많은 붕어들을 생각했다. 그 많은 붕어들은 어디로 갔을까?

└, ㅋㅋㅋ 그 많은 붕어는 내 배 속으로. 갑자기 뭔가 씁쓸해지는걸.

  └, 제 배 속에도 붕어들 많이 살아요. 왜 씁쓸해지는 걸까요?

└, 반대로, 그럴게라도 가지고 행복하면 안 될까요? 그게 뭐가 잘못된 거죠?

  └, 잘못된 건 아니에요…. 어쩌면 붕어빵이 우리를 위로해 주는 건지도
    모르겠어요.

메릴린 먼로라고 들어 봤니? 그녀는 1950년대의 미국을 대표하는 여배우였어. 오늘날 섹시함을 뽐내는 여배우들의 원조라고 할 수 있지. 개인적으로는 매우 불행한 삶을 살았지만 당대 톱스타였던 먼로는 당시 유행을 주도한 시대의 아이콘이었지.

그렇다면 먼로가 죽고 없는 지금은 어떨까? 새로운 유행 속에서 먼로의 흔적은 완전히 사라졌을까? 아니야. 그렇지 않아. 오히려 먼로는 다양한 방식으로 재생산되고 있어. 바람에 날리는 흰 원피스를 부여잡는 메릴린 먼로의 모습은 너희들도 본 적이 있을 거야. 그뿐만 아니라 헤어스타일이나 옷차림 심지어 코 옆의 점까지, 대중문화 속 먼로의 영향력은 여전해. 이런 영향력이 가능한 건 수많은 사람들이 먼로의 아름다움과 섹시함을 지금도 탐내고 있기 때문 아닐까? 풍미가 말한 붕어빵의 붕어처럼 말이야.

앤디 워홀이라는 화가는 우리의 이런 마음을 〈메릴린 먼로〉라는 작품으로 재탄생시켰어. 프린터와 유사한 실크 스크린 기법으로 메릴린 먼로를 얼마든지 찍어 낼 수 있게 되었거든. 처음에 관람객들은 '어떻게 메릴린 먼로를 이따위로 표현할 수 있지!' 하면서 깜짝 놀랐겠지만 곧 '나도 가지고 싶다!'라는 마음을 갖게 되었

을 거야. 메릴린 먼로는 더 이상 살아 있는 전설이 아니라 소유 가
능한 물건이 되었거든.

　'욕망의 삼각형' 이론으로 유명한 프랑스의 문학 평론가 르네
지라르는 지금 내가 바란다고 믿는 것이 내가 원하는 것이 아니라
다른 사람들의 욕망일 수도 있음을 지적했어. 다시 말해 내가 가
지고 싶은 것, 내가 되고 싶은 것들이 정말 내가 원하는 것이 아닐
지도 모른다는 거지. 어때? 지금 네가 바라는 건 정말 너의 마음일
까? 어쩌면 우리는 무엇인가를 바라는 마음까지도 붕어빵 틀에서
찍어 내고 있을지도 몰라.

∟ 솜사탕,
∟ 가슴마다 솜사탕을
∟ 품고 산다면

∟

∟

초등학교를 다닐 때의 일이다. 목요일이면 언제나 그는 달콤한 향과 함께 나타났다. 그의 손은 빛나는 은색 양철통 안에서 바쁘게 움직였고, 윙윙거리는 소리를 따라 색색의 구름들이 뭉게뭉게 피어올랐다. 나무젓가락 위에 살포시 앉아 달달한 향을 풍기는 분홍, 파랑 구름들은 교문을 나서는 나를 향해 손짓했다. 물론 엄마는 질색했던 구름들이었지만 나는 종종 그것들을 먹었다. 아니 정확히는 그 구름들을 몇 번 떼어 내곤 버렸다. 폭신하기만 할 것 같은 솜사탕은 보기와 달리 손에 닿는 순간 얄팍해지면서 뻣뻣해졌다. 더구나 솜사탕을 먹는 일은 곧 얼굴이며 손이 감당할 수 없을 정도로 끈적거리게 되는 일이어서 결국엔 제대로 먹지도 못할 걸 왜 사냐는 엄마의 잔소리와 함께 버려지곤 했다.

그럼에도 매주 목요일 오후엔 솜사탕을 먹겠다는 실랑이가 벌어졌다. 결국 동생 풍성이와 나눠 먹는다는 조건으로 거래는 성사되곤 했지만 엄마의 예상처럼 제대로 먹지도 못하고 버릴 때가 훨씬 많았다.

나보다 두 살 어린 풍성이는 나와 달리 먹는 것을 그리 즐기지 않는다. 조금만 배가 불러도 깨작거리며 먹는 걸로 장난을 치곤 했다. 게다가 편식이 어찌나 심한지 아직도 콩나물과 오이는 쳐다보지도 않는다. 초딩 때는 급식으로 나온 샐러드 냄새에 토하기도 했다. 비위가 약하다고 하지만 내가 볼 땐 엄마의 오냐오냐 때문에 생긴 드립일 뿐이다. 엄마는 식사 때마다 나와 풍성이를 반반씩 섞어 놓았으면 좋겠다고 노상 얘기했다.

먹는 일에는 나와 좀처럼 코드가 맞지 않는 이 녀석과 한목소리로 엄마에게 떼를 쓸 때가 바로 이 솜사탕을 먹을 때였다. 세상에 다시없는 사이좋은 형제가 돼서 솜사탕 하나를 나눠 먹겠다는 우리들의 달달한 거짓말에 엄마는 종종 낚여 주셨다. 물론 솜사탕을 건네받는 순간 우리는 서로 '누가 더 많이 먹었다, 끈적거리니까 만지지 마라, 침 묻은 손으로 떼지 마라' 등등의 말로 싸우기 시작했고 결국 엄마에게 압수, 폐기되었다. 그럼에도 나는 목요일 아침이 되면 교문 앞에 서 있을 솜사탕을 생각하며 입안에 달달한 느낌을 되살리곤 했다. 어떻게 될 것인지 알면서도 말이다.

별안간 솜사탕이 생각난 까닭은 그때의 그 빛나는 양철통과 똑

같은 그것이 바로 오늘 우리 학교 교문 앞에 서 있었기 때문이다.
솜사탕 아저씨의 손놀림은 우아했고 빨랐다. 이제 엄마의 허락 따
위를 받지 않아도 되는 열일곱인 나는 당당히 긴 줄의 행렬에 합류
했다. '와, 솜사탕 오랜만이다!'라는 외침 사이로 '설탕 한 스푼에
천 원이 말이 되냐'라는 투덜거림도 뒤섞여 있는 줄이었지만 그러
거나 말거나 어느새 나는 초딩 때의 마음으로 돌아가 내 차례가 오
길 기다리던 터였다. 어쩌면 솜사탕을 먹는 일이 곧 후회로 연결될
지도 모르지만 그래도 설레는 마음으로 내 차례를 기다렸다.

드디어 내 손에도 솜사탕이 들렸고 과거와 달리 나는 좀 더 조심 스레 솜사탕을 베어 물었다. 이미 많은 경험으로 그것을 어떻게 먹어야 할지를 깨달은 나이가 되었으니까. 그럼에도 불구하고 곧 솜사탕 때문에 혓바닥 색이 변하고 입술 주변이 끈적거렸다. 그렇다고 다 큰 내가 길거리를 다니며 손가락을 쪽쪽 빨 수는 없는 노릇이다. 나는 얼굴만 했던 솜사탕을 주먹보다도 작게 뭉쳐 입안에 넣었다. 역시 머릿속의 상상과 현실은 다르다.

이런 예는 무수히 많다. 인터넷에서 산 옷을 입었을 때 어쩔 수 없이 생기는 실망감, 머릿속으로 수없이 그려 온 게임 시나리오가 실전에서는 먹히지 않는 답답함, 요리 실습을 준비하며 환상적인 비주얼의 결과물을 기대했으나 현실은 폭망 등 우리는 수시로 상상과 현실의 차이를 경험하며 살아간다. 그럼에도 우리는 상상하기를 멈추지 않는다. 아무리 실전에서 통하지 않는 포메이션이라도 축구 게임 전에는 열심히 상상하며 대비해야 한다. 그래야 실전에서 적당히 대처할 수 있다. 비록 상상대로 되지는 않더라도 현실과 부딪쳐 깨진 상상의 조각들을 다시 짜 맞추는 과정은 현실을 좀 더 나은 방향으로 이끌어 줄 수 있다.

교문 앞, 빛나는 양철통이 뿜아내는 색색의 구름을 마주하며 상상의 즐거움에 대해 생각해 볼 수 있었다. 물론 상상과 다른 현실을 경험하다 보면 좌절하거나 실망할 수도 있다. 하지만 상상하는 즐거움마저 없다면 또 무슨 재미로 살까 싶기도 하다. 마음먹은 대로,

생각한 대로 된다면 더할 나위 없이 좋겠지만 그렇게 되지 않는 건
이제 알 만한 나이다. 걱정하지 마시라!

#상상이뭐다나쁘기만한건아니다 #상상과허상은다르다 ♥17

  ㄴ 솜사탕은 먹기 전까지만 설레요….

    ㄴ 넴, 그걸 알면서도 매번 먹어요…. 미련하게.

  ㄴ 저는 방탄 오빠들 상상하면서 하루를 견뎌요. 그럼 방탄 오빠들이 제겐 솜

    사탕인 건가요?

    ㄴ 그렇다고 할 수 있겠네요. ㅋㅋㅋ

  ㄴ🔒 너, 혹시 ㅁㄱ고등학교? 글 쓰고 있었구나…. 반갑^^

    ㄴ 저… 누구?

      ㄴ ㅋㅋㅋ 비밀이야.

        ㄴ 너, 누구야?!

풍미의 글을 읽고 나니 〈월터의 상상은 현실이 된다〉라는 영화가 떠올랐어. 아직 보지 못했다면 한번 보길 권해. 매우 매력적인 제목이지? 상상이 현실이 되다니! 만약 상상이 현실이 된다면 지금 당장 상상하고 싶은 건 뭐니? 지금과 다른 자신의 모습? 영화 속에서나 봤던 멋진 풍경? 시험 없는 세상? 무엇이 됐든 그건 아마도 상상 속에서나 가능하다고 여기는 자신의 소망이 반영된 세상일 거야.

영화의 주인공인 월터는 16년 동안 필름 현상 일을 해 온 평범한 회사원이야. 반복되는 일상에서 떠나 자유로운 삶을 상상해. 물론 상상만 했지. 그러다가 그는 잃어버린 필름을 찾기 위해 어쩔 수 없이 여행을 떠나게 돼. 상상했던 일이 뜻밖에 현실이 된 거야. 그다음에는 어떻게 되었냐고? 여행길에서 월터는 거의 죽을 뻔한 고생을 해. 현실이 된 상상 속의 세상에서 월터는 모험을 하게 되지만 상상했던 것만큼 행복해 보이진 않아. 그래서일까? 이 영화를 다 보고 나면 삶에서 정작 중요한 것은 사막의 오아시스 같은 상상 속 일탈이 아니라 같은 자리에서 쉬지 않고 흐르는 일상이지 않을까 하는 생각을 하게 돼.

샘은 이 영화에 대해 좀 다른 이야기를 해 보려고 해. 바로 풍미가 이야기한 상상의 힘. 우리에게 상상은 힘겨운 하루를 견디게 하는 힘을 줘. 월터가 16년간 같은 일을 하면서 버틸 수 있게 한 힘 같은 거지. 엄마의 잔소리를 견디면서 솜사탕을 기다린 풍미도 비슷하다고 할 수 있겠다.

물론 일도 하지 않고 고민도 없는 상상의 세계는 안타깝지만 머릿속에만 존재해. 그리고 막상 상상이 이루어진다고 해도 그것이 일상이 됐을 때 또 다른 고민들이 생겨날 수 있고. 그렇다고 상상이 쓸데없기만 한 것은 아니야. 때론 눈에 보이지 않는 것들이 더 큰 힘을 발휘할 때도 있잖아! 변화도 없고, 재미도 없는 사막 같은 날들에 가끔씩 떠올려 보는 상상 속 세상이야말로 오아시스처럼 반짝이는 위로가 되어 주지 않을까?

ㄴ 엽기떡볶이,
ㄴ 떡볶이는
ㄴ 답을 알고 있다

ㄴ

ㄴ

누군가가 나의 정체를 알고 있는 것 같아 꺼림칙한 기분이다. 숨기고 싶었는데 고작 몇 편의 글로 정체가 드러난 게 아무래도 쉼 샘 때문이 아닐까라는 생각이 들었다. 그렇다고 쉼 샘에게 가서 "샘이 애들한테 제 블로그 주소 알려 주셨어요?" 하고 물을 만큼의 자신은 또 없다. 그래서 나는 모든 가능성에 대해 생각해 보았다.

첫째, 나의 중딩 친구들 중에 하나일 가능성이다. 하지만 나는 평소에 사용하지 않는 계정의 블로그를 열었다. 블로그 이웃도 몇 없을 뿐 아니라 이 계정으로 친구들에게 메일을 보낸 적은 없다. 그러니 이것의 가능성은 매우 낮다.

둘째, 동아리 회원 중 한 사람이다. 나의 글들은 매우 개인적인 일상이었다. 학교에서 있었던 일, 은미와 있었던 일(이건 은미랑 나랑 둘만 아는 일들이다.) 뿐이다. 그러니 쉼 샘을 알고 내가 글을 쓰게 된 과정을 아는 이들 중 하나일 수 있다. 도대체 누구냐, 넌? 댓글의 아이디를 검색해 보고, 링크를 타고 블로그를 가 보아도 누구인지 알 수 있는 정보가 없다. AC!

그동안 적었던 글들을 삭제할까 하는 생각도 해 보았다. '너, 혹시 ○○고등학교?'라는 댓글을 읽는 순간, 심장에서부터 목, 얼굴을 지나 머리 꼭대기까지 빨개지는 느낌이었다. 아침에 일어나 학교를 가며 별의별 상상을 다 해 보았다. '이미 친구들이 글을 공유했다. 나를 미친놈으로 본다.' 등등. 그런데 막상 학교는 어제와 다름이 없다. 아무도 내게 와서 '이거 너지?'라고 묻지 않는다. 이유 없이 동아리 방에 가 앉아도 있어 보았다. 혹시 이들 중 하나라면 뭐라고 이야기하지 않을까. 하지만 아무도 글에 대해 언급하지 않는다. 도대체 누군지 궁금해 미칠 것 같았다. 가슴이 답답하고 숨도 가빠 오고 지나는 애들과 눈이 마주칠 때마다 괜히 고개가 숙어지곤 했다. 이런 날을 그냥 보낸다는 건 심장에 대한 예의가 아니라는 생각에 진우에게 엽떡이나 먹으러 가자고 메시지를 남겼다. 오늘 같은 날은 땀 반 눈물 반을 흘려 줄 필요가 있었다.

엽떡은 엽기떡볶이의 준말이다. 말 그대로 맛이 엽기적으로 맵다. 땀이 줄줄 나고 콧물이 쉴 새 없이 흐른다. 하지만 뭔가 개운한 맛이 있어 자꾸만 찾게 되는 맛이다. 어른들이 뜨거운 국을 먹으며, "아, 참 시원하다!" 하고 말하는 걸 좀 이해하게 되는 맛이라고 할까? 아무튼 나는 이 꺼림칙한 마음을 씻어 내기 위해 엽떡을 선택했다. 마음을 깨끗하게 비우고 정리하기 위해!(덤으로 소장과 대장도 깨끗하게 정리된다.)

수업이 끝나고 교문 앞에서 진우를 기다리는 내내 혹시나 누가 '어제 솜사탕 글 네가 썼지?'라고 할까 봐 주변을 두리번거렸다. 누가 툭 건드리기만 해도 신경이 쓰이고 괜히 짜증도 났다. '뭐야? 알은체를 하려면 자기가 누군지 좀 밝히든가!' 하는 생각뿐이었다.

"풍미야! 가자!"

진우의 목소리다. 우리는 잽싸게 걸음을 옮겨 엽떡 앞에 마주 앉았다. 말랑하고 길쭉한 떡들이 빨간 국물 속에서 하얀 치즈와 함께 뒹굴었다. 새빨간 국물 위로 하얗게 올라오는 김은 뜨거운 맛을 선물하겠다는 듯이 의기양양한 태세다. 나는 이들의 공격에 대비하여 달걀찜과 튀김, 쿨피스까지 준비했지만 매운맛을 감당하는 건 쉽지 않았다. 우린 휴지를 뽑아 가며 얼굴에 흐르는 땀을 닦았고 연신 맵다는 말을 뱉어 댔다. 뭐라고 설명하기는 어렵지만 매운맛은 마음의 땀도 같이 흐르게 하는 듯했다. 몸 안에 있는 걸 밖으로 빼내는 이 기분을 두고 개운하다고 하는 건지도 모르겠다.

"허, 허, 아! 매워!"

"진심 맵다. 근데 넌 매운 거 잘 먹지도 못하는 애가 무슨 일이냐?"

"닥치고 먹자."

"너, 형한테 자꾸 이러면 못쓴다."

"시끄러, 네가 언제부터 내 형이었냐. 생일도 내가 빠르구먼."

사실 매운 걸 잘 못 먹는 나는 평소 떡볶이를 즐기지 않는다. 하지만 오늘은 이 복잡한 마음을 밖으로 꺼내야만 했다. 강제로라도 말이다. 매운맛이 온몸에 퍼지면서 혀와 목, 위장까지 침으로 콕콕 찌르는 것만 같았고 급기야 머리가 띵해지는 느낌마저 들었다. 그 덕분에 몸 안의 수분이 모두 배출되었다. 다른 테이블의 손님들도 연신 땀을 닦아 내며 엽떡을 즐기는 중이었다. 문득 저 사람들은 왜 저렇게 힘들여 엽떡을 먹는지에 관한 의문이 들었다. 나는 그렇다 치고, 진우는 내게 끌려왔다고 치고, 저 사람들에게는 어떤 사연이 있는 걸까. 물론 "저기요, 여기 왜 오셨어요?" 하고 묻는 미친 짓은 하지 않았다. 나는 남은 쿨피스를 모두 털어 마신 뒤 진우에게 물었다.

"진우야, 혹시 네가 숨기고 싶은 게 있는데 들켰어. 그럼 어떨 것 같아?"

"뭘 잘못한 거면 부끄럽거나 겁이 나겠지."

그렇다. 나는 부끄럽다는 생각이 들었던 거다. 하지만 뭔가를 잘못한 건 없다. '너, 혹시 ○○고등학교?'라는 댓글에 글에 대한 이야기는 한마디도 없었다. 하지만 내가 부끄러웠던 이유는 '너, 혹시 ○○고? 글이 이게 뭐냐?'라는 있지도 않은 비난까지 염려했던 것일수 있겠다는 생각이 들었다. 그렇다면 내가 느낀 감정은 부끄러움보다는 쑥스러움에 가까운 것이 아닐까? 부끄러움은 내가 뭔가 잘못했을 때 느끼는 떳떳하지 못한 감정이어야 한다. 하지만 내 글쓰기가 뭔가를 잘못한 일은 아닌 거 같다. 사실 세상에 부끄러워해야 할 일은 얼마든지 있다. 남몰래 쓰레기를 버리는 일, 버스에서 할머니가 타시는 걸 보고 눈을 감는 일, 학교 급식실에서 새치기하는 일등은 분명 부끄러운 일이다. 하지만 글을 쓰고 그 정체를 들킨 게뭐 부끄러운 일인가.

"야, 근데 너 진짜 무슨 일이야? 뭐 잘못했어?"

"아니, 내가 뭘 잘못할 애로 보이냐?"

나는 먹다 남은 달걀찜으로 따가운 속을 달래 본다. 그리고 내가 느낀 감정과는 다른 '부끄러움'은 과연 무엇일까 고민해 본다. 머릿속으로 '부끄러워할 줄도 모르는 사람들'이라는 말이 획 하고 지나간다. 부끄러워하는 일도 때때로 필요한 것이라는 생각이 들었다. 과연 부끄러워하면 뭐가 좋을까?

그리고 말이야, 누군지 모르겠지만 계속 읽고 답글이나 달아 줘라!!!

#식생활탐구 #엽떡으로속쓰림 #눈물아니라콧물을먹음 ♥14

ㄴ 스트레스 받은 날 엽떡 먹으면 최고죠!!! 앙~ 먹고프다.

ㄴ 님도 지금 스트레스 받으시는 중? 고통으로 고통을 잊는 거 같음.

ㄴ 누구 때문에 쓴 글을 지운다는 건 말도 안 됨. 부끄러움과 쑥스러움의 차이를 알고 가요.

ㄴ 네, 저도 부끄러운 건 줄 알았는데 익숙하지 않은 상황이라 쑥스러웠나 봐요. ㄱㅅ

ㄴ 학교에서 알은체하지 않을게. 걱정하지 마. 근데 너 글 되게 잘 쓴다.

ㄴ 헉!!! 너 우리 학교? 칭찬은 고마운데 너도 쑥스러워서 말 못 하는 거지? 이해한다. 이해해.

측은지심(惻隱之心), 수오지심(羞惡之心), 사양지심(辭讓之心), 시비지심(是非之心)이라는 말 들어 본 적 있지? 중학교 도덕 시간에 맹자인가, 공자인가 헷갈리면서 외웠을 거야. 이 말은 맹자의 「공손추」 편에 나오는 말이야. 맹자는 이 마음들이 없으면 사람이 아니라고 했을 정도니 중요한 마음가짐임에는 분명해. 샘은 이 중에서 부끄러움을 아는 마음, 즉 수오지심에 관해 잠깐 이야기해 볼게. 풍미가 구별한 부끄러움과 쑥스러움이 바로 수오지심과 관련되는 거거든.

부끄러움을 안다는 것은 옳지 못함을 부끄러워하고 악함을 미워하는 마음과 관련되어 있어. 풍미가 글쓰기를 누군가에게 들켜서 느끼는 마음은 사실 부끄러움과는 거리가 멀고. 그러니까 앞으로 풍미는 쑥스러움을 딛고 계속 글을 써야겠지? 하지만 풍미가 마지막에 가진 의문은 한 번쯤 생각해 보아야 할 문제인 것 같아. 도대체 부끄러움이라는 게 무엇이길래 맹자도 이게 없으면 사람이 아니라고 했는지 말이야.

일제 강점기에 살았던 시인 윤동주 알지? 나라를 되찾고 싶었겠지만 세상은 쉽게 달라지지 않았고 그가 할 수 있는 일도 별로 없었어. 그래서 그는 늘 부끄럽다고 고백해. 윤동주뿐 아니라 당시의 많은 지식인도 할 수 있는 일이 별로 없는 무기력과 행동하지 못하는 안타까움 속에서 부끄러움을 느꼈을 거야. 많은 시민이 광장에 나와 촛불을 들었던 일들 또한 이 부끄러움의 마음과 관련이 있어. 대통령의 올바르지 못함에 대한 분노와 정의가 사라진 현실에 대한 부끄러움이 사람들을 광장으로 모이게 만들었지. 그래서 어떻게 되었지? 그래, 헌정 사상 처음으로 대통령이 탄핵되었어. 광장에 모인 사람들의 부끄러움이 현실을 바꾼 거야. 그렇다면 부끄러움은 현실을 돌아보는 성찰의 시작이자 변화의 시작이라고 할 수 있겠지. 부끄러움을 안다는 것, 즉 수오지심을 가지는 일은 세상을 바꿀 수 있는 첫 시작이 될 수 있는 거야.

ㄴ 서른한 가지 맛
ㄴ 아이스크림,
ㄴ 우리는 몇 번째?
ㄴ
ㄴ

오랜만에 글을 쓴다. 지난번 댓글 사건 이후 글이 잘 써지지 않았을 뿐 아니라 중간고사를 준비하느라 정신이 없었다. 이제 시험이 끝났고 여느 때처럼 허무함이 밀려온다. 도대체 공부는 왜 하고 시험은 왜 봐야 하는 건지 모르겠다. 학교에선 서로 이해하고 존중하고 양보하라면서 실제로는 시험 성적에 따라 한 줄로 세운다. 앞뒤가 맞지 않는 이놈의 학교! 물론 내가 시험을 못 본 건 사실이지만 그래서 화를 내는 건 아니다.

이제 3월의 어색한 공기는 사라진 지 오래다. 그리고 5월의 봄바람을 따라 몇몇은 가끔씩 교실에서 사라진다. 교문 밖을 나서는 아이들의 모습은 한 번도 그리해 본 적 없는 내겐 부러움이자 두려움이다. 하지만 그들이 사라진 교실에서 선생님들은 전과 다름없이 진도를 나간다. 누군가는 졸고 또 누군가는 열심히 받아 적는다. 수학 샘이 물었다.

"오늘은 또 누가 없냐?"

"지은이랑 석훈이요."

반장의 대답에 이어 "아까 가방을 들고 나가던데요.", "조퇴라던데요." 등등의 신고가 이어졌다. 선생님은 알겠다며 출석부에 표시를 하곤 수업을 계속 이어 갔다. 내가 교실에서 사라졌어도 같은 풍경이었을 거다.

학교가 끝나고 나는 우연히 은미를 만났다. 지난번 붕어빵 일도 있고 해서 나는 은미에게 아이스크림을 같이 먹자고 했다. 어차피 은미의 학원은 내가 가야 하는 방향과 같다. 나는 은미와 함께 무려 서른한 가지 종류가 있는 아이스크림 가게로 들어섰다. 오후의 햇살이 밀려드는 창가에 자리를 잡고 나서 우리는 투명한 냉장고 앞에 섰다. 이름을 모두 외울 수도 없는 아이스크림들이 이름표를 달고 동그란 통 안에 담겨 있었다. 초콜릿, 녹차, 요거트, 커피 등등 그 맛도 색도 다양한 것들 앞에서 나는 수없이 망설였다. 어떤 것을 먹어야 후회하지 않을 수 있을까 고민한다. 옆에 선 은미의 고민도 나와 별반 다르지 않아 보인다. 늘 먹는 게 있더라도 매번 고민하는 게 바로 이 아이스크림 냉장고 앞이다.

그런데 오늘 이것들은 좀 더 달라 보인다. 갑자기 수학 시간이 떠

올라서일지도 모른다. '교실, 아니 학교 밖으로 나간 아이들은 어디로 갔을까? 나랑 이 냉장고 속 아이스크림이 다른 건 뭐지?' 하는 생각이 스쳤다. 갑자기 냉장고 안 각자의 자리에 박혀 있는 서른한 가지의 아이스크림이 교실 속 저마다 자리를 잡은 서른한 명의 우리들 같다는 생각이 들었다. 선택받지 못하면 계속 자리를 지키고 있다가 유통 기한이 지나 버려질 수도 있는 아이스크림 같은 게 우리 처지였나 하는 생각이 들자 머리가 쭈뼛거리는 거 같았다. 이유도 목적도 없이 일단 공부하는 이유가 혹시 버려지는 게 두려워 그러는 건 아닌지, 먼저 선택받고 싶어 몸부림치는 거였나 하는 생각도 밀려들었다.

나만 그런가 싶어 은미에게 꿈을 물었다. 은미는 소리가 주는 위로를 전하는 라디오 작가가 되고 싶다고 했다. 뭔가 멋지기도 하고 꿈을 가지고 있는 은미가 막연하게 부럽다는 생각이 들었다. 사실 나의 어릴 적 꿈은 화가였다. 그림을 잘 그려서라기보다는 글자 없는 세상이 좋았다. 마음대로 상상할 수 있고 상상하는 대로 그릴 수 있는 그림이 좋았다. 하지만 재능 없음과 불투명한 미래 등을 이유로 엄마는 내가 화가가 되길 바라지 않으셨고, 나 역시 화가의 꿈은 일찌감치 포기했다. 생각해 보니 그 이후로 나는 꿈을 가져 본 적이 없다. 다행히 그럭저럭 공부를 따라가고는 있지만 재미는 없다. 오늘 학교 밖으로 나간 지은이나 석훈이 또한 나처럼 공부가 재미없을 거다. 자꾸만 이 친구들이 생각나는 까닭은 어쩌면 나 역시 이 답답한 교실을 벗어나고 싶기 때문일지도 모른다. 하지만 나는 안다. 그런 선택을 쉽게 할 수 없으리란 걸. 그리고 교실 밖이라 해도 안과 그렇게 다르지는 않을 거라는 걸 말이다.

남보다 조금 더 잘하고 싶고 남보다 조금 더 성공하고 싶은 마음은 교실 안이나 밖이나 매한가지이다. 교실 안에서 절대 기준은 성적인 경우가 많다. 하지만 공부를 잘하는 아이들은 몇 되지 않는다.

나머지 친구들은 팔리지 않는 아이스크림 같은 존재가 되고 만다. 자리만 차지하는 아이스크림처럼 말이다. 그렇지만 팔리지 않는다고 해서 유통 기한이 지났다거나 못 먹을 맛은 아니다. 다만 다수의 사람들이 가진 선택의 기준에 맞지 않을 뿐이다. 교실 안의 기준이 성적이라면 교실 밖 어른들의 세계는 경제력이나 학벌이 기준이 되는 것 같다. 취업률이 높은 대학, 연봉이 많은 직업들이 수시로 소개되는 걸 보면 말이다. 하지만 모든 사람이 원하는 대학, 원하는 기업에서 일할 수는 없다. 그렇다면 나머지 사람들은 또 버려지는 아이스크림인가 하는 생각이 들어 우울해졌다.

은미는 딸기와 요거트 중에서 고민하다 새하얀 요거트 맛을 선택했고, 나는 가장 팔리지 않을 것처럼 보이는 맛을 선택했다. 왠지 오늘은 그렇게 해야만 할 것 같았다. 먹어 보니 이것 또한 달고 시원하고 맛있었다. 가끔은 다른 기준으로 다른 맛도 먹어야겠다.

#아이스크림통과나 #플라스틱냉장고와교실 #나는몇번째로 ♥31

    ㄴ 갑자기 아이스크림 맛 뚝 떨어짐. 나는 제일 인기 없는 애 같음….

        ㄴ 저도 다르지 않아요. 그래도 가끔은 그런 걸 찾는 사람들도 있으니까 힘내요.

    ㄴ 오오, 은미와 아이스크림을…!

        ㄴ 아… 아…주 우연이였어요. ㅋ

풍미는 아이스크림 가게에서 교실의 풍경을 떠올렸어. 왜, 무엇을 위해 하는지도 모를 공부 때문에 자리를 지키고 있는 자신과 친구들의 모습이 통에 담긴 아이스크림들과 닮아 보였기 때문이야. 풍미의 이야기처럼 몇은 선택되고 몇은 버려질 것을 생각하니 씁쓸하고 또 섬뜩하기도 해. 누군가는 이를 두고 '선의의 경쟁'이란 표현을 쓰기도 하지. 하지만 이미 순위가 정해져 있고 그 순위에 따라 얻을 수 있는 게 다르다면 그걸 과연 '선의'라고 부를 수 있을진 잘 모르겠어. 물론 이런 고민들에도 불구하고 현실은 쉽게 달라지지도, 뾰족한 대안을 찾기도 어려워 보여. 더구나 경쟁의 고리를 끊고 나가는 순간 많은 것을 잃게 될까 봐 불안하기까지 해. 소위 말하는 학벌, 안정적인 생활 등등. 그럼 우리는 어떻게 해야 할까? 어쩔 수 없이 우리 각자는 서로 더 잘 팔리는 아이스크림이 되기 위해 애써야만 할까?

　　이 문제에 대한 답은 사람에 따라 많이 다를 수 있어. 체념하고 순응하며 사는 이들도 있을 거고, 협력하고 연대할 수 있는 방법을 고민하는 이들도 있겠지. 그런데 이스라엘의 역사학 교수인 유발 하라리는 그의 책 『사피엔스』에서 중요한 질문을 제기하고 있어. 인간의 삶은 과거 그 어느 때보다 물질적으로 풍요로워졌지만 개개인이 각자의 삶을 결정할 수 있을 만큼 큰 힘을 누리게 되면서 더는 서로에게 기댈 필요가 없게 되었다는 거야. 인간은 그 어떤 생명체보다 뛰어난 능력을 지녔음에도 불구하고 오히려 더 외로워진 거지. 때론 스스로 무엇을 원하는지도 모르는 채 불만스러워하고 무책임해지기도 해. 그는 이러한 인간보다 더 위험한 존재가 있는지를 물어.

크고 작은 공동체를 이루면서 쌓아 온 우리 안의 경쟁 DNA는 쉽게 바뀌지 않을 수도 있어. 하지만 지금처럼 왜, 무엇을 위해, 어떤 목표로 사는지도 알지 못한 채 열심히 노력만 하는 건 그만해야 하지 않을까? 스스로 괴물이 되지 않으려면 말이야.

ㄴ 콜팝,
ㄴ 마음도 리필이
ㄴ 될까요?
ㄴ

ㄴ

요즘 나는 진우와 데면데면했다. 우리는 초딩 때부터 지금까지 꽤 오랜 시간을 알아 온 사이다. 초딩 때는 세 번인가 같은 반이기도 했고 요즘은 학원도 같이 다닌다. 그런데 이런 진우에게 여자 친구가 생겼다. 분명히 축하해 줘야 하는 일인데 마음 한구석이 허전했다.

종례 후 학교 앞은 바쁜 애들로 북적인다. 학원 버스를 기다리는 아이들, 헤어짐이 아쉬워 학교 앞을 배회하는 커플들, 야자 시작 전에 잠시 외출을 하는 아이들까지. 하지만 이 복잡함은 그리 오래가지 않는다. 청소만 마치고 나와도 아이들은 이미 사라지고 없다. 나는 이 한산한 거리를 걷기 시작했다.

조금 걷다 보니 진우가 여친과 편의점 앞에 있었다. 둘은 뭔가 심각한 이야기를 나누는 듯했다. 나는 진우에게 알은체를 해야 하나 말아야 하나 망설였다. 진우는 나를 보지 못한 것 같았다. 나는 그냥 진우를 지나쳐서 평소에 잘 가는 콜팝 가게 앞에 섰다. 누가 만들었는지 치킨과 콜라의 콜라보는 정말 환상이다. 여기에 착한 가격은 배고파하는 위장을 채우고 배고픔의 신호를 보내는 뇌를 잠시 진정시키는 데 큰 도움이 된다. '아, 맛있는 냄새!' 하면서 위장과 뇌가 요동쳤다.

　　주문한 콜팝을 넘겨받는 순간 냉큼 빨대에 입을 대고 콜라 한 모금을 삼켰다. 목을 타고 따끔거림이 느껴졌다. 역시 콜라는 탄산 맛이지! 콜라 컵 위에 올려진 치킨을 이쑤시개로 콕콕 찔러 입에 넣었다. 입안 가득 기름 냄새가 퍼져 나간다. 평소에는 진우가 내 걸 뺏어 먹을까 봐 허겁지겁 먹었는데 진우가 없으니 하나하나 세면서 먹게 된다. 맛이 없었다.

　　천천히 걷기 시작했다. 그러던 중 진우에게서 문자가 왔다.

－ 야, 너 지금 어디야? 오늘 학원 휴강이래.

－ 나 지금 콜팝 가게 앞이야.

－ 거기서 기다려.

얼마 지나지 않아 진우가 나타났다. 여친이랑 싸운 것에서부터

헤어지기로 한 것까지를 한참 동안 퍼붓듯 이야기하다 내가 남겨
둔 콜라를 마셨다.

"으, 탄산 다 빠졌잖아. 맛없어."

얼음마저 녹아서 단맛도 사라졌을 터다. 진우는 벌떡 일어나서
콜팝 한 컵을 다시 사 온다. 콜라를 쪽쪽 빨면서 그동안 당한 게 많
다는 둥, 다시 여친을 사귀면 사람이 아니라는 둥 헛소리에 가까운
말을 내뱉기 시작했다. 하지만 그럴수록 나는 진우가 지금 헤어짐
을 받아들이지 못하는 게 아닌가 하는 생각이 들었다. 내가 알기로
그 여자 친구는 진우의 첫사랑이었으니까.

나는 진우의 이별 이야기를 듣다가 콜팝의 콜라는 햄버거를 먹
을 때와 달리 리필이 되지 않는다는 사실을 새삼 깨달았다. 용기의
특성상 한 번 담으면 콜팝의 콜라는 끝이다. 탄산이 모두 빠져나간
콜라를 버리고 새로운 콜라를 받았으면 좋겠는데 그렇게 할 수는
없다. 이미 사랑에 빠진 진우의 마음을 이전으로 돌이킬 수 없는 것
처럼 말이다. 아직 사랑을 해 본 적이 없는 나로서는 진우의 마음이
온전히 이해가 되지 않았다.

"근데 왜 헤어졌어?"

"나도 모르겠어. 내가 뭐 자기한테 관심이 없다나."

"큭큭. 잘 좀 해 주지."

"내가 더 이상 어떻게 잘해 주냐? 난 최선을 다했다고."

한입에 쭉 빨아들인 콜라의 상큼함과 달콤함은 사랑에 처음 빠

졌을 때의 기분일지도 모르겠다. 그렇지만 곧 탄산이 빠지고 나면 맹맹한 맛만 남는 콜라처럼 사랑의 기분도 오래가지는 못하는 게 아닌가 싶다. 진우가 작업 중이라며 하루 종일 폰을 붙잡고 웃던 걸 보면 오히려 사귀기 전이 더 설렜던 것은 아니었을까? 마치 콜팝을 기다릴 때처럼. 사랑을 해 본 적은 없지만 내가 할 사랑은 테이크아 웃 용기에 담긴 콜팝의 콜라가 아니라 온전한 치킨과 콜라 같은 사이였으면 좋겠다. 느끼해진 입안을 상큼하게 달래 주기도 하고 언제든 리필 가능한 탄산의 톡 쏘는 따끔거림을 기름기로 부드럽게 만들어 주는 그런 관계 말이다. 여친은커녕 썸녀도 없는 주제에 이런 생각을 하는 게 어처구니없다 할 수도 있겠지만 그랬으면 좋겠다고, 뭐 그렇다는 거다.

#콜라와사랑은닮은꼴 #콜팝사랑 ♥21

  ㄴ 풍미 님, 친구 위로해 주셔야죠.
    ㄴ 금방 이겨 낼 거예요. 걱정 안 해 줘도 되는 녀석이에요.
  ㄴ 여친은커녕 썸녀도… 없는, 지난번 은미 님과 그린라이트 아니었어요?
    ㄴ 아! 무슨 말씀이신지;;
  ㄴ 콜라와 치킨은 환상의 콜라보죠. 그런 사랑은 근데 어떻게 하는 거예요?
    ㄴ 어, 그게… 운명적으로?
      ㄴ 과연, 그런 걸까요?

누군가를 보고 첫눈에 반해 본 적 있니? 마치 영화의 한 장면처럼 그 사람만 선명해지고 주변은 뿌옇게 변해 버리고 마는, 심장이 너무 두근거려서 숨이 멈출 것만 같은 그런 느낌 말이야. 그 사람을 알기 전과 후가 너무나 다르다는 생각이 들거나 우연을 운명이라 믿고 싶은 사람을 만났을 때 우리는 사랑에 빠졌다고 하지. 하지만 아무리 그렇다고 처음 만났을 때의 두근거림이 영원히 지속되지는 않아. 심장은 원래의 속도로 돌아오고 세상은 전처럼 선명해져. 물론 두근거리는 증상이 사라졌다고 사랑이 식었다고 단정할 수는 없어. 그래서일까, 사랑은 언제 어떻게 시작되고 끝나는지 알기가 쉽지 않단다.

미국의 심리학자 에리히 프롬이 쓴 『사랑의 기술』을 읽으면 사랑을 이해하는 데 도움이 좀 될까 싶어서 뒤적였던 적이 있어. 제목만 보면 엄청 유용한 책 같지? 상황별로 쏙쏙 정리해 놓았을 것 같고 말이야. 하지만 아쉽게도 그렇진 않더라고. 사랑은 콜팝과 같은 일정한 레시피가 있는 게 아니기 때문이겠지. 프롬은 심지어 사랑이라고 믿는 것의 실체가 가짜일 수도 있다고 말해. 예를 들자면 영화나 드라마에서 보여지는 사랑은 가짜일 가능성이 높아. 현실에서는 완벽한 외모와 경제력까지 갖춘 상대를 만나기가 어렵거든. 만약 그런 사람과의 사랑을 꿈꾸고 있다면 그것은 사랑이 아니라 가성비 좋은 상품을 고르는 일과 같아. 흔한 이상형, '예쁘고 잘생긴 사람, 돈 많은 사람, 착한 사람' 들이 바로 여기에 해당된다고 할 수 있어. 또 만약 사랑이라는 감정이 상대를 배려하지 않고 오로지 자신의 마음에만 충실한 것이라면 그것은 이기심에 가까운 것이라고 볼 수 있어. 극단적으로는 스토커 같은 사랑이겠지. 프롬은 진정한 사랑의 실천이란 각 개인이 자신이 속한 사회와 분리되지 않으면서도 사랑의 대상에 대해 많이 알 때 가능하다고 말해. 누군가를 사랑하는 일은 그 사람의 입장에서 생각해 보고, 기다리고, 상대의 말에 귀 기울이는 일이잖아. 바로 그런 노력들로 상대에 대한 지식을 갖추면서도 적극적으로 관심을 가지라고 해. 그러다 보면 상대를 나의 기준으로 단정 짓지 않을 수 있겠지. 상대와 내가 속해 있는 사회와 여건들도 고려할 수 있고 말이야.

어렵지? 그래, 사랑은 어려운 거야. 혼자서도 할 수 없고 상대에게 나처럼 하라고 강요할 수도 없는 일이지. 그러니까 사랑에도 기술이 필요하고 그 기술을 익혀 실천하려는 노력이 필요하다는 사실을 잊지 말길!

ㄴ 편의점,
ㄴ 기다림이 사라졌다

ㄴ

ㄴ

ㄴ

학교 앞 편의점은 언제나 아이들로 붐빈다. 낮이든 밤이든 이곳은 우리들의 든든한 아지트가 되어 준다. 나 역시 편의점 애용자다. 아침을 먹지 못한 날에는 우유나 삼각 김밥 같은 것을 사먹고, 방과 후에는 라면 등으로 한 끼를 때우기도 한다. 그러니 이곳은 집, 학교 다음으로 나의 끼니를 책임져 주는 중요한 공간이다. 하지만 편의점이 끼니만을 챙겨 주는 곳이 아니다. 각종 문구류와 생필품뿐만 아니라 택배를 부칠 수도 있고 현금 지급기도 있다. 그러니까 편의점은 식당, 문방구, 우체국, 은행 등의 기능을 모두 하는 셈이다. '편의'라는 말 뜻 그대로 편리하고 좋은 곳이다. 비록 물건값이 조금씩 더 비싸고 선택의 폭도 좁지만 편리함을 위해 그 정도의 손해는 감수해야 한다.

더구나 편의점은 하루 종일 문을 연다. 그야말로 24시간 동안 열일하는 곳이다. 하지만 이 편의점의 등장이 과연 우리 삶을 편리하게만 해 주었는지는 별개의 문제다. 예를 들자면 이렇다.

저녁을 먹고 숙제를 마친 뒤 아빠와 함께 텔레비전을 보았다. 시간은 10시를 넘어 11시를 향하고 있었다. 텔레비전 속 사람들도 출출했는지 채널을 돌릴 때마다 무엇인가를 먹고 있었다. 족발, 치킨, 라면 등등. 아빠는 갑자기 집에 라면이 있냐고 물으셨다. 나는 가스레인지 위 싱크대 문을 열어 보았다. 없었다. 아빠는 내게 편의점에 가서 라면을 사 오라고 하신다. 나도 뭔가 먹고 싶긴 했지만 굳이 가서 사 오고 싶지는 않았다. 하지만 아빠는 어서 다녀오라며 물을 올려 두신다. 오, 마이 갓!

'싫어! 안 먹어!' 하고 싶었지만 어느새 나는 주섬주섬 나갈 채비를 마쳤다. 엘리베이터를 타고 내려오며 나는 편의점이 없었다면 사람들이 생각지도 않았을 이 엄청난 일을 한다며 투덜거렸다. 그런데 웬걸, 편의점 안에는 나처럼 좀비 같은 모습의 사람들이 꽤 있다. 라면, 소주, 도시락 등등을 한 손에 쥐고 계산할 차례를 기다린다.

집에 돌아왔을 땐 이미 가스레인지 위의 물이 끓고 있었다. 아빠는 내게서 라면을 낚아채 스프와 면을 넣었다. 달걀과 파도 잊지 않으신다. 아빠는 할머니에게 전수받은 방법이라며 라면 국물에 마늘도 조금 넣는다. 집 안에는 라면의 고소하고도 짠 내가 진동한다.

자는 줄 알았던 풍성이도 어느새 식탁에 앉아 있다. 정말 얄미운 녀석이다. 저 녀석이 안 자는 줄 알았다면 쟤를 시켰을 텐데 하는 아쉬움이 밀려든다. 어찌 되었든 우리는 라면을 먹었다. 아빠가 끓이고 내가 사 왔으니 치우는 건 네가 하라며 풍성이에게 그릇을 죄다 몰아 놓고 방으로 들어왔다.

라면이 배 속에서 점점 붇는 걸 느끼며 나는 아까부터 쉬지 않고 울려 대던 반톡방에 들어왔다. 교실에선 조용하기만 한 애들도 이곳에서는 좀 더 편하게 이야기하는 듯하다. 나는 라면 먹은 얘기를 올렸다.

– 나, 이 시간에 라면 먹음. 개망했음. ㅜㅜ

내일 얼굴이 풍선이 돼서 오겠다는 둥, 맛있냐는 둥, 역시 라면은 밤에 먹어야 하는 거라는 둥 이야기가 끊이지 않았다. 시도 때도 없이 상대의 상황은 고려하지 않고 이야기를 툭 던질 수 있는 반톡방이 왠지 편의점과 닮아 있다는 생각이 들었다. 24시간 열려 있는 편의점처럼 24시간 우리들의 방은 열려 있으니까 말이다. 하지만 반톡방은 한편으로는 무책임한 공간이기도 하다. 깊은 밤에도 때로는 수업 시간에도 인정사정없이 울리는 진동! 내용이 무엇이든 나는 올렸고 네가 알아서 보기만 하면 된다. 쌍방향이라고는 하지만 결국에는 내 상황만 중요한 공간이다.

　어른들이 종종 하는 말, '내 맘대로 되는 게 뭐가 있냐.', '가끔은 참고 기다릴 줄도 알아야지.'. 하지만 편의점과 반톡방에 이 말은 통하지 않는다. 네 사정이 어떻든 내가 하고 싶을 때 하면 그만이다. 어쩌면 편리함은 우리 생활에서 중요한 무엇인가를 빼앗아 가고 있는지도 모르겠다는 생각이 들었다. 편의점 때문에 잃어버린 것은 없을까? 혹시 누군가를, 무엇인가를 기다리는 일, 다른 사람의 처지를 헤아리는 마음을 잃어버린 건 아닐까. 이 몹쓸 상상의 나래를 펼치다 나는 반톡방에 뜬금없는 질문 하나를 던져 보았다.

- 혹시 편의점이 없어지면 어떻게 될까?

또 무슨 헛소리냐며 라면 먹고 정신줄 놓았냐는 빈정거림도 있었으나 많은 아이들이 제법 진지한 답변을 보내왔다.

- 엄청 불편할 것 같아. 뭐 살 때마다 마트 갈 수도 없고.
- 밤에 안 먹어서 살 빠질 수도 있음.
- 개망하는 거지.
- 밤에 걷기 무서울 것 같아. 이럴 땐 편의점 불빛 반갑지 않냐?

이런 말들 사이로

- 다른 사람한테 부탁할 일이 생기지 않을까?

라는 물음이 보인다. 나는 곧,

- 무슨 말?

이라 답한다.

- 편의점이 있으니까 필요한 게 있으면 언제든 바로바로 사서 해결하잖아. 하지만 편의점이 없으면 다른 사람에게 부탁하고 서로 도울 일도 많을 것 같아.
- ㅋㅋㅋ 그럴 수도 있겠다.

그렇다. 어쩌면 우리는 편의점의 편리함 때문에 무엇인가를 잃어 가는 중일지도 모르겠다. 기다림, 배려 그리고 가장 중요한 사람마저도.

#편의점 #빠르게사는대신비싸게사고 #우리가잃어가고있는것 ♥25

ㄴ 편의점 문 닫으면 어떻게 해요! 저는 싫어요!

ㄴ 네, 문 닫을 확률은 매우 낮으니 걱정 마시길.

ㄴ 생각해 보니 그렇긴 하네요. 옆 친구에게, 옆집 사람에게 도움을 구한 적이 언제였는지 모르겠어요.

ㄴ 네, 저도요. 뭘 도와 달라고 하는 것조차 피해를 주는 것만 같아요.

°◎　✓등록

　　카톡카톡. 시도 때도 없이 울리는 이 소리는 더 이상 낯설지 않아. 여기저기서 울리는 소리를 듣다 보면 사람들은 도대체 누구랑 어떤 이야기를 하는지 궁금해지기도 해. 하지만 메시지의 내용을 살펴보면 '지금 뭐 해?', '어디야?'와 같이 굳이 공유하지 않아도 되는 일상에 관한 것이거나 내일 해도 되는 일들에 관한 것이기도 해. 스마트폰 덕분에 사람들은 더 이상 궁금함에 밤잠을 설칠 필요는 없게 되었지만 그 덕분에 우리는 늘 무엇인가에 쫓기듯 살게 되었어. 지금 당장, 할 수 있는 일들이 너무 많아져 버렸거든. 분명 편리해진 것 같은데 우리는 늘 누군가에게 답하거나 해결해야만 하는 피로한 상황에 놓인 거야. 깊은 밤에 편의점을 가야만 하는 풍미처럼 말이야.

　　샘은 풍미의 글을 읽으며 깊은 밤 편의점 창가의 테이블에 서서 컵라면을 먹는 사람들과 담배나 술을 사서 나가는 사람들도 떠올렸어. 밤에도 쉴 수 없는 사람들, 혹은 어디에도 기댈 데 없는 외로운 마음들이 편의점으로 모이는 것 같았거든. 어쩌면 편의점은 서로에게 기대기보단 혼자 견디고, 타인의 문제에 관심을 가지기보다는 외면하는 요즘 우리 삶의 단면을 닮은 것 같아. 누군가에게 도움을 청하기보다는 알아서 해결하기 위해 깊은 밤이라도 집을 나서는 모습 말이야.

『단속 사회』의 저자 엄기호는 누군가의 '곁'이 되지 않는 현대인들의 삶을 이야기해. 누군가를 보살펴 주지도, 누군가의 보살핌도 거부하는 거야. 편의점은 서로의 안부를 안물안궁 하면서 살아가는 우리들의 모습인 거지. 언제나 환하게 열려 있는 스마트폰 속의 세상도 마찬가지야. 나의 필요에 의해 대화를 시작하고 귀찮으면 삭제할 수 있는 공간은 진공의 공간 같아. 소리를 울려 줄 공기가 없는 그곳에서는 서로의 안부를 끊임없이 묻지만 좀처럼 마음이 울리지는 않거든. 그럼 지금 우리에게 필요한 건 뭘까? 얼굴을 마주하고 이야기를 나눌 수 있는 용기, 서로의 외로움을 보듬어 줄 수 있는 마음 아닐까? 서로의 힘겨움을 부담스러워하지 않고 외면하지 않고 말이야.

ㄴ 에너지 음료,
ㄴ 가끔은 내 힘이 아닌
ㄴ 다른 힘으로 살아도 될까?
ㄴ

ㄴ

벌써 여름이다. 어제와 오늘은 꼬박 한국사 수행 평가를 준비하면서 보냈다. 주말을 요렇게 보내는 건 바람직하지 않지만 별수 없다. 오랜만에 컴퓨터의 본래 기능인 검색과 문서 작성에 집중했다. 엄마는 웬일이냐며 칭찬을 아끼지 않았지만 정말 내가 원해서 이런 건 아니었다.

이번 수행 평가는 조별 과제라 각자 맡은 부분을 정리해 일요일 오후에 모이기로 했다. 그런데 약속 시간이 한참 지났는데도 조원 중 한 명인 서윤이와 연락이 되지 않았다. 결국 우리는 월요일에 다시 모이기로 했고, 조장인 내가 서윤이의 몫까지 해야 할지도 모른다는 생각이 들어서 화가 났다. 나는 서윤이에게 마지막으로 문자를 보냈다.

- 서윤아, 우리 오늘 회의하고 헤어졌어. 네가 못 할 것 같으면 연락 줘.
- 풍미야, 미안해. 내가 정리한 자료는 메일로 보내 줄게.

기대도 안 했던 서윤이의 답장이 곧장 오는 바람에 나는 깜짝 놀라 다시 문자를 보냈다. 자료를 보내 준다는 말에 마음이 누그러지기도 했다.

- 서윤아, 너 무슨 일 있어? 난 아직 맹날인데 이리로 오든지.
- 그럼 기다려 줄래?
- ○ ○

그렇게 나는 서윤이를 기다렸다. 서윤이는 성적도 좋고 조용한 아이다. 큰 목소리로 자기주장을 한다거나 화를 내는 걸 본 적도 없다. 그런 서윤이였기에 실망스럽기도 하고 이상하기도 했다. 서윤이는 멀지 않은 곳에 있었는지 금방 도착했다. 얼굴이 많이 부어 있었다. 운 것 같았다. 나는 아무것도 눈치채지 못한 것처럼 서윤이에게 뭘 먹을 거냐고 물었지만 서윤이는 괜찮다며 앉았다.

"무슨 일 있어?"

나의 질문에 서윤이가 갑자기 울기 시작했다. 나는 이런 경우에 어떻게 해야 하는지 사실 잘 모른다. 당황스러웠다. 다행히 서윤이가 금세 눈물을 그쳤다. 미안하다는 말과 함께 정리한 자료가 담긴

USB를 넘겨준다.

"서윤아, 너 정말 무슨 일 있었어? 힘들어 보인다."

"나 때문에 모두 기다렸지? 미안해."

"아니야, 일부러 그런 것도 아니고. 그런데 너 괜찮아?"

"응. 좀 힘든 일이 있었어."

"아, 그랬구나. 그런 것도 모르고……."

울먹이는 서윤이에게 무슨 일이 있었는지는 잘 모른다. 그런 걸 물어볼 만큼 친하지도 않다. 그렇다고 힘들어 보이는 서윤이에게서 냉큼 자료만 받고 돌아서는 것도 예의가 아닌 것 같았다. 함께 집으로 가는 길에 나는 서윤이를 잠시 세워 두고 편의점으로 들어갔다. 가끔 내게도 찾아오는 우울과 무기력의 바이러스를 날려 보낼 때 쓰는 비장의 무기 하나를 서윤이에게 선물하고 싶었기 때문이다. 냉장 진열대 위에 가지런히 정리되어 있는 에너지 음료 하나를 꺼냈다. 1+1이니까 하나는 나에게 줄 거다. 나도 과제를 하느라 오랜만에 내 몸의 힘을 다 쏟아부었으니까.

없던 힘도 솟아나게 하는 이 마법의 음료는 레모네이드를 닮은 색이다. 아니, 조금 더 진한 색이다. 콜라나 사이다처럼 톡 쏘는 맛은 없지만 새콤하면서도 달콤하다. 이걸 마시면 게을러지려던 심장도 빨리 뛰고 내려앉던 눈꺼풀도 올라간다. 에너지 음료라는 말처럼 내 몸은 그때부터 내 힘이 아닌 음료의 힘으로 버틴다. 잠시지만 몸에 날개가 돋은 것 같은 기분이 된다. 어쩌면 서윤이에게 지금

필요한 건 스스로의 힘이 아니라 마음을 기댈 무엇인가가 아닐까 싶어 편의점으로 뛰어간 것이다.

어른들은 우리들에게 버티고 견디라고 쉽게 말한다. '지금 이 시간은 지나간다. 우리도 예전에 그랬다. 아니, 더했다. 안 견디면 어쩔 거냐?'라면서. 그렇지만 견디는 우리는 힘들다. 숙제도 힘들고 성적으로 줄 세워지는 것도 힘들다. 뉴스에서 나오는 취업률을 볼 때마다 적성을 바꿔야 하는 건지 걱정이 되기도 한다. 그럴 때마다 누군가를 붙잡고 시시콜콜 얘기하다간 징징댄다고 비난받기 십상이다. 버티고 견디기가 힘들 때 나는 이 음료를 마신다. 음료를 들이켜는 순간, 내 힘이 아니라 누군가 나 대신 힘을 내 주는 것만 같기 때문이다. 나는 에너지 음료 두 개를 들고 나와 서윤이에게 하나를 내밀었다.

"서윤아, 가끔은 네 힘으로 안 버텨도 돼. 다른 힘으로 버텨."

서윤이가 나를 빤히 쳐다본다. 그러더니 캔을 따서 꿀꺽꿀꺽 마신다. 나도 서윤이를 따라 에너지 음료를 마신다. 온몸에 에너지 알갱이들이 퍼지는 듯했다.

'내가 잠깐 도와줄게.' 이러면서 말이다.

#위로는어렵다 #에너지음료 #1+1 #때론남의힘도필요하다 ♥10

ㄴ 저에게도 에너지 음료 하나 투척을!

ㄴ 힘드신가 봐요. ㅜㅜ 기운 내세요. ㅋ

오늘은 따뜻한 만화 영화 한 편을 소개해 볼까? 기운을 내고 싶다면 〈모아나〉라는 영화를 추천! 디즈니랜드 출신답게 아름다운 화면과 음악은 기본이고 문제를 해결하는 근사한 영웅도 등장해. 단, 이때 영웅은 우리가 상상하기 쉬운 백인이거나 남자는 아니라는 거.

아름다웠던 모투누이섬에 이유를 알 수 없는 저주가 내려. 더구나 섬을 구할 수 있는 방법도 딱히 없지. 전설에 따르면 바다가 선택한 자만이 이 저주를 해결할 수 있다고 해. 눈치챘겠지만 바로 이 섬의 원주민 소녀 모아나가 바다의 선택을 받은 아이야. 그다음은 어떻게 됐을지 대강 상상이 되지? 무엇보다 이 영화의 빛나는 장면은 모아나와 또 다른 영웅 마우이가 서로에게 건네는 위로와 협력이야. "I got your back. Chosen one. Go save the world."(내가 네 뒤를 봐 줄게. 선택받은 자여. 가서 세상을 구해!)라고 말해 준 마우이가 없었다면 모아나는 모투누이섬을 위기에서 구할 수 없었을지도 몰라. 아무리 바다의 선택을 받은 자라도 혼자서 문제를 해결할 수는 없어. 사람은 혼자서는 살 수 없고 타인의 도움과 위로가 필요한 존재인 거지.

오늘 풍미가 서윤이에게 건넨 에너지 음료는 모아나의 마우이 같은 존재가 아닐까 해. 서윤이에게 어떤 사연이 있었는지 우리는 알 수 없지만 지금 서윤이에게 필요한 건 바로 위로였을 테니까. 풍미가 주절주절 많은 말을 한 건 아니지만 가끔은 네 힘이 아니라 다른 힘으로 살아도 된다는 말이 서윤이에겐 큰 힘이 되지 않았을까? 물론 이 말이 문제를 해결하는 데 도움이 될 수는 없겠지. 하지만 분명 어깨와 가슴에 놓인 무거운 짐을 잠시나마 내려놓을 수는 있었을 거야. 『어린 왕자』로 유명한 생텍쥐페리가 인간을 '관계의 덩어리'로 본 것 또한 이와 다르지 않겠지. 바로 이것이 곁의 사람들을 돌아보고 힘겨워하는 이들을 향해 손 내밀어야 하는 이유이기도 해. 모든 걸 혼자서 해결하려고 하지 마. 가끔은 네 힘이 아니라 다른 사람의 힘을 빌려도 괜찮아. 언젠가 너의 힘을 빌려주면 되니까 말이야.

└ 스니커즈,
└ 추억이 달달한 이유

└

└

└

진우는 인형 뽑기의 달인이다. 뽑기방에 들어갔다가 빈 손으로 나온 적은 한 번도 없다. 나는 인형 뽑기 기계에 돈을 고이 바치는 똥손이다. 오늘도 진우는 "한판 어때?" 하면서 뽑기방으로 들어갔다.

"넌 그 인형 다 뽑아서 어쨌냐?"

"몰라. 집에 가져가면 던져 두는데 하나둘씩 누나가 가져가는 듯."

"뭐야? 그런데 왜 뽑냐?"

"재밌잖아. 그냥 뽑는 게."

"난 못 뽑아 봐서 그 재미를 모르겠다. 빡치기만 하고."

"지난번 수행 평가 하면서 인형 뽑기 확률에 대해 조사했는데, 이것도 조작이 가능하다더라."

"그러니까 그 조작이 가능한 걸 왜 하냐고?"

"그러니까 그 조작이 가능해서 그 어려운 걸 내가 매번 해내니까."

"그래, 너 잘났다."

진우는 정말 그 어려운 일을 잘 해낸다. 오늘도 이천 원을 투자해서 만 원이 넘는 인형을 뽑았다. 대단하다. 오늘 내가 얼마를 그 기계에 바쳤는지는 비밀이다. 〈포켓몬스터〉에 나오는 라프라스 인형을 뽑고 싶었는데 차라리 돈을 모아서 사는 편이 더 빠를 듯하다. 이런 내 맘을 아는지 진우는 보란 듯이 라프라스를 뽑았다. 나는 부러움에 이리저리 쓰다듬으며 좋겠다는 말을 연신 내뱉었다. 진우가 불쑥 "이거 너 줄까?" 한다.

"왜?"

갑자기 말투가 공격적으로 변했다. 이유 없이 줄 녀석이 아니기 때문이었다.

"뭘 화를 내고 그러냐? 싫음 말든가, 뭐 기분 쫌 그러면 돈 내든가."

생각해 보니 나쁘지 않은 것 같아 나는 진우에게 이천 원을 주고 인형을 샀다. 라프라스의 등과 긴 목을 쓰다듬으며 걸었다. 마침 주머니 속에 있던 스니커즈를 꺼내 진우에게 건네자 웬 거냐며 우걱우걱 씹는다. 녀석은 어릴 때나 지금이나 별다르지 않게 단순하다.

나도 진우와 함께 스니커즈를 베어 물었다. 달콤함과 고소함이

입안 가득 퍼진다. 어릴 때 엄마의 핸드백 속에는 미니 스니커즈와 사탕이 몇 개씩 들어 있었다. 엄마의 말을 빌리자면 그것은 '비상식량'이자 나와 내 동생의 '입막음용품'이었다. 나는 시시때때로 배고프다고 했고, 많이 먹지도 않으면서 조금만 배가 고파도 짜증을 내는 풍성이 때문에 엄마는 외출할 때 항상 간식을 한 보따리 챙기곤 했다. 물론 요즘은 내가 스니커즈를 사서 먹는다. 더 이상 엄마의 가방 속도 뒤지지 않는다. 물론 고딩 아들을 둔 엄마의 가방 속에도 더 이상 스니커즈는 없다. 하지만 스니커즈는 내게 달콤했던 시절을 떠올리게 한다.

엄마는 내가 초딩 때 "언제까지 엄마 좋아해 줄 거야? 곧 싫어하게 될걸. 엄마랑 같이 다니는 것도 창피해하고."라는 말을 종종 하곤 했었다. 아들을 둔 다른 엄마들의 조언을 듣고 자기 최면을 거는 거라며, 나중에 받게 될 상처를 최소화하려는 거라고 했다. 그때마다 나는 그럴 일은 없을 거라고 장담했었다. 하지만 솔직히 요즘은 그때의 장담을 지키기 어렵다. 엄마를 사랑하지 않는 건 아니다. 다만 아니라고 하면서 자꾸만 나의 삶에 관여하려는 엄마의 잔소리와 간섭이 견디기 힘들 뿐이다. 그래서 마음과 달리 퉁명스러운 말이 툭툭 튀어나오곤 한다.

　나는 스니커즈를 씹으며 초딩 때의 나로 잠시 돌아갔다 왔다. 엄마한테 잘해야겠다고 결심한 셈이다. 엄마는 초콜릿을 좋아하지 않지만 아들이 주는 거니까 먹을 거란 생각이 들어 집 앞 편의점으로 들어갔다. 그런데 막상 고르려니 이 스니커즈라는 게 종류도 많고 가격도 천차만별이다. 새까만 초콜릿 안에 아몬드와 땅콩이 박혀 있는 것뿐 아니라 부드러운 맛을 앞세우는 것도 있다. 나는 한 줄로 나란히 놓여 있는 색색의 스니커즈를 한참이나 바라보다 가장 고전적인 맛과 현대적인 맛 중 하나를 선택하기로 한다. 울퉁불퉁한 표면을 닮은 딱딱한 스니커즈를 한입 베어 물었을 때 캐러멜이 피자 치즈처럼 늘어지는 스니커즈가 고전적인 맛이라면 진한 우유 향을 풍기며 입안에서 사르르 퍼지는 초콜릿은 현대적인 맛이라고 할 수 있다. 이 둘 모두를 사랑하지만 오늘은 엄마의 가방이 생각난 김에 고전적인 맛으로 정했다. 라프라스, 스니커즈. 뭔가 라임도 맞는 것 같고 기분이 좋은 날이다. 내친김에 오글거리지만 이 라프라스와 스니커즈를 엄마에게 주어야겠다.

스니커즈를 주머니에 넣고 엘리베이터에 올라탔다. 생각해 보면 엄마와의 기억이 늘 좋았던 것은 아니다. 풍성이를 다치게 해서 혼나기도 했고, 살 좀 빼라는 잔소리는 365일 들었다. 먹는 걸로 엄마가 잔소리를 할 때는 종종 서럽게 울기도 했었다. 그런데도 '왜 그때를 생각하니 좋았던 것만 같지?' 하는 의문이 들었다. 어른들도 옛날에 힘들었다면서 그래도 옛날이 좋았다고들 한다. 도대체 왜들 그러는 거지? 왜 추억은 아름답게 포장되는 거야?

#추억 #스니커즈 #라프라스 #마마보이아님 ♥11

ㄴ 자기 좋을 대로 해석하니까 그런 거 아니겠어요?
　ㄴ 그런 걸까요? 저는 좋은 대로만 해석한 거 같지 않은데.
ㄴ 무의식이 싫은 것만 밀어냈을 수도, 아니면 지금 힘든 건 아니니까!
　ㄴ 그럴 수는 있겠네요. 나중에 지금을 생각하면 또 좋을까요?
ㄴ 해시태그가 더 웃김. 마마보이 아님 강조하니 더 그래 보임.
　ㄴ 엄마가 하라는 대로 하진 않아요!

√등록

'○○○의 리즈 시절'이라는 기사 타이틀은 더 이상 새롭지 않아. 내용을 살펴보면 한때는 아름다웠던 그와 그녀의 모습을 볼 수 있지. 그런 기사들을 볼 때마다 지금은 주름이 자글자글한 연예인들도 한때는 팽팽한 피부를 가졌던 사람들이었다는 게 새삼 신기하게 느껴져. 물론 그들뿐만 아니라 지금 너희들 곁에 계신 나이 지긋한 대부분의 어른들도 한때는 너희들처럼 생기발랄했을 거야. 누구에게나 아름다운 한때는 있기 마련이니까.

그런데 너희들 지금 행복하니? 아름답고 싱그러운 한때를 지나고 있는데 행복하니? 아마 '아니요'라고 할 것 같은데, 왜 그렇지? 해결해야 하는 과제, 학생이라는 제약, 부모님의 간섭 같은 대답이 예상되네. 하지만 살면서 해결해야 할 과제나 제약은 언제나 존재한단다.

인간은 이처럼 매일 괴로운 순간을 보내면서도 왜 과거의 한때를 그리워하는 걸까? 아마도 그것은 지금 가질 수 없거나 존재하지 않는 대상에 대한 그리움이 아닐까 싶어. 언제나 복잡한 일들이 존재하는 현실과 달리 추억 속에는 해결해야 할 일이 없지. 그 대신 지금은 사라진 것들만이 존재해. 사랑했던 사람, 젊었던 순간, 아름다웠던 풍경 같은 것들 말이야. 이처럼 우리가 과거를 아름답게 기억하는 것은 바로 지금은 부재하는 대상에 대한 그리움인 셈이야. 사람들이 사진을 찍거나 자화상을 남기는 이유도 금세 사리지고 말 대상을 붙잡고 싶은 욕망 때문이 아닐까.

오늘 풍미는 엄마에게 사랑한다는 말을 건네려고 하나 봐. 어릴 때야 매일 했었을 말이지만 어느 순간부터 하지 않게 된 말을 엄마에게 선물하려는 거야. 오늘은 너희들도 풍미처럼 누군가에게 잊고 지냈던 말을 건네 보는 건 어떨까? 시간을 되돌릴 수는 없겠지만 말 한마디로 잊고 있었던 마음을 되돌려 보는 건 꽤 괜찮은 일 같은데 말이야. '사랑해. 고마워. 보고 싶었어.' 한때는 빛났을 아름다운 순간을 떠올려 보길.

└ 새콤달콤,
└ 쿨한 이별은 어디에도 없다

└

└

└

　　내가 다닌 남중에도 여자는 많았다. 문제는 그분들이 모두 선생님이었다는 것이다. 더구나 결혼을 하고 아이를 낳으신 샘들이 절대 다수였던 까닭에 샘들이나 우리는 서로를 전혀 어려워하지 않았다. 이성으로 말이다. 샘들은 그저 여자사람이었고, 우리들은 그저 아들 같은 애들이었을 뿐이니까. 이런 내가 남녀 공학 고등학교에 진학해서 받은 문화적 충격은 어마어마했다. 수업 시간에 분홍색 헤어 롤을 말고 있는 여자애들뿐 아니라 쉬는 시간에 돌아가며 고데기에 머리를 들이밀고 있는 남자애들의 모습은 낯섦 그 자체였다. 그중에서도 가장 어려웠던 일은 모둠 활동 시간에 남녀가 짝을 이루어 얼굴을 마주 보고 앉는 일이었다. 하지만 인간은 금방 익숙해지는 법이다. 이젠 수많은 여자애들도 중딩 때의 샘처럼 그저 여자사람들이 되었다. 하지만 간혹 그 여자사람들 중에도 특별한 사람이 있다. 아무 이유 없이 사람을 친절하게 만드는 여자 사람 말이다. 이때 중요한 건 이 친절이 나뿐 아니라 대부분의 남자 애들에게도 공통적으로 나타난다는 점이다. 그러니 이 특별한 사람 주변에는 남자애들이 많고 당연히 스캔들도 끊이지 않는다.

이 특별한 여자사람이 최근 고백을 받았다는 사실이 1학년 전체에 퍼졌다. 그것도 두 명에게서. 한 명은 2학년 선배고 한 명은 1학년 중 나름 잘생긴 녀석이었다. 그리고 이 특별한 여자사람은 2학년 선배를 선택했다. 남겨진 1학년의 얼굴에는 쪽팔림과 동시에 우울함이 덕지덕지 붙어 보는 이들을 안쓰럽게 했다. 그런데 얼마 전에 그 1학년과 2학년이 학교 급식실 앞에서 한판 붙고야 말았다. 이 일이 있은 뒤 둘은 교무실을 드나들었고 아이들의 입에서 입으로 소문은 부풀려졌다. 그리고 얼마 지나지 않아 그 유명했던 커플의 이별 소식이 전교에 퍼졌다. 그녀는 다시 전교생의 특별한 여자 사람으로 돌아왔다. 하지만 그녀에게 버림받은(?) 두 남자는 여전히 우울해 보인다. 센 척, 강한 척해도 이별은 어쩔 수 없는 일이어서 얼굴에 모두 드러나기 마련이니까.

문제의 그 1학년은 진우와 같은 반이다. 진우네 교실에 놀러 가면 그 녀석은 언제나 이어폰을 끼고 음악을 들으며 엎드려 있다. 괜한 짜증이 늘었다고 진우가 투덜거렸다. 나는 진우에게 아침에 편의점에서 산 캐러멜을 내밀었다. 진우는 웬 거냐며 신이 나서 먹는다. 역시 학교에서는 시시때때로 당분이 필요하다.

　내가 내민 캐러멜은 새콤달콤한 맛이다. 신맛은 생각만으로도 입
안에 침이 고이게 한다. 신 과일처럼 말이다. 그래서 이 캐러멜의 버
전도 포도맛, 자두맛, 복숭아맛으로 다양하다. 새콤함만이라면 인상
쓰게 될 것을 달콤함으로 감싸서 자꾸만 손이 가게 만들었다. 새콤
과 달콤의 절묘한 만남이다. 하지만 이것들은 초콜릿과 달리 쉽게
녹지 않는다. 더구나 흔적 없이 사라지는 것도 아니어서 어금니와
이 사이에 오래도록 남아 있다. 이것들이 온전히 입안에서 사라지
기 위해서는 시간이 필요하다. 마치 이별을 받아들이는 일처럼.

　캐러멜을 입안에 넣는 순간은 새콤함과 달콤함을 동시에 느낄
수 있어서 좋다. 하지만 이것들이 이에 붙어 쉽게 떨어지지 않을 때
는 계속 신경 쓰여 혀로 이리저리 밀면서 없애려고 애쓴다. 물론 이
렇게 애쓰지 않아도 시간이 지나면 자연스럽게 녹아 사라지고 말
것이라는 걸 알지만 어쩔 수 없다. 어쩌면 지금 홀로 이별 중인 1학
년의 그 아이는 입안에서 채 사라지지 않은 캐러멜 같은 마음을 떼
어 내는 중일지도 모른다. 시간이 지나면 잊힐 감정이라도 지금은
신경 쓰여서 어쩔 수 없는 마음일 거다.

　사람들은 쿨한 게 좋다고들 하지만 이별 앞에 쿨하다는 건 거짓
말 같다. 이별의 전과 후가 다르지 않다면 그것은 상대를 좋아한 적
도 없다는 말과 마찬가지 아닐까 싶다. 감정은 쉽게 정리되는 문제
가 아니니까. 겉으로야 아무렇지 않은 척할 수 있겠지만, 굳이 그

렇게 아무렇지 않은 척할 필요가 있을까 싶기도 하다. 가끔은 울고
싶을 때 울고 속상하고 힘든 걸 표현하는 게 더 건강한 마음이라고
나는 생각한다. 그러니까 지금 저렇게 오만상을 쓰며 이어폰을 낀
저 아이야말로 정직하고도 건강한 마음을 가진 셈이다.

　캐러멜을 이리저리 굴리며 먹는 사이 쉬는 시간이 끝나고 수업
을 알리는 종이 울렸다. 5교시는 내가 좋아하는 미술 시간이었다.
오늘은 밖에서 스케치를 한다고 해서 서둘러 운동장으로 나섰다.
진우는 체육 수업이라며 어느새 사라졌다. 나는 운동장 스탠드에
앉아 진우를 찾다 바로 그 2학년 선배의 뒷모습을 보게 되었다. 한
여자를 사이에 둔 두 남자가 같은 공간에 있는 위기의 순간이다. 왠

지 모를 아슬아슬함이 밀려들어 나는 스케치를 하는 대신 그들을 바라보기만 했다. '저들은 괜찮을까? 아무 일 없을까?' 하고. 물론 그들 사이엔 아무 일도 없었다. 나만 멍하니 있다고 미술 샘에게 혼났을 뿐.

#새콤달콤 #실연남 #이별은쿨할수없다 ♥13

　ㄴ 풍미 님만 혼남요? 불쌍불쌍.

　　ㄴ 괜찮아요. 다시 그리면 되는걸요.

　ㄴ 그분 뵙고 싶습니다.

　　ㄴ 전학 오시면 됩니다. 학교는 비밀이에요.

　ㄴ 이별 중…입니다. 쿨하지 않은 제가 싫었는데 위로가 되네요.

　　ㄴ 잊혀지겠죠. 전 경험이 없어서…ㅠㅠ

웹툰 〈연애 혁명〉에 등장하는 소심한 남학생 공주영과 츤데레 여학생 왕자림은 같은 또래인 너희와 닮아 있어. 하지만 이들의 사랑이 언제나 맑기만 한 것은 아니야. 자림의 과거 남친이 등장하는 바람에 소심한 주영은 오만 걱정을 하기도 하고, 예전엔 소심했던 유치원 동창인 한별이 엄친아가 되어 등장하는 바람에 주영은 바짝 긴장하기도 해. 주영은 아무렇지 않고 싶은데 그렇지 못해서 자림이와 싸우기도 하고 일방적으로 화를 내기도 하지.

너희도 경험으로 알고 있듯 감정은 머릿속 생각과 달리 쉽게 정리되지 않는 존재야. 하지만 사람들은 자기 일이 아니라고 너무나 쉽게 '쿨'하기를 요구해. 심지어 '쿨하게 잊어, 쿨하지 못하고 찌질하게' 식으로 감정을 빨리 정리하라고 재촉하기도 해. 쿨하다는 말의 의미에는 필요 이상의 감정을 소비하지 않고 깨끗하게 뒤돌아선다는 뜻이 포함되어 있어. 하지만 누군가를 좋아하는 마음이 쿨하게 정리될 수 있다면 그런 마음을 과연 사랑이라고 할 수 있을까?

오늘 풍미가 말한 그 아이가 이별 앞에서 괴로워하는 것 역시 매우 당연한 일이야. 미움, 원망, 후회, 부끄러움 등등의 감정들이 뒤섞여서 정리되는 시간들도 필요해. 이 시간이 바로 풍미가 말한 캐러멜이 녹는 시간이겠지. 볼빨간사춘기의 노랫말처럼 '나는 사실 이성적인 게 참 싫어요. 그래서 우린 헤어져야만 했으니까요. 아무렇지 않게 살아가도 매일 밤이 고통스럽겠죠.'야말로 이별을 대하는 우리의 솔직한 심정이 아닐까. 이 고통스러운 시간들을 견디기 위해 때로는 친구랑 수다를 떨기도 하고, 세상이 끝난 것처럼 슬퍼하고 우울해하며 보낼 수도 있어. 하지만 장담컨대 이 시간들은 지날 거고 다시 사랑하게 될 거야. 힘내!

┗ 컵라면,
┗ 덕후가 뭐 어쨌다고!

┗

┗

┗

　　나는 어덕행덕(어차피 하는 덕질, 행복하게 덕질하자)을 실천하는 1인이다. 비록 덕질이라는 말이 일본어로 사회성이 결여된 사람을 뜻하는 '오타쿠'에서 온 말이라고는 하지만 덕질을 바라보는 시선도 예전과 달라졌다. 이런 변화는 몇몇 성공한 덕후 덕분이기도 하지만 SNS와 같이 자신을 표현할 수 있는 방법이나 기회가 다양해진 덕분이 아닐까 싶다. 방 안에서 수많은 사람과 공유할 수 있는 기쁨이 또 덕질의 행복이다. 나는 일찌감치 인스타그램을 시작했고 엄마는 내 덕질의 최고 조력자다. 나는 레고 덕후다.

　　스스로 일어나 앉아 무엇인가를 빨고 집고 할 때부터 오늘에 이르기까지, 내 덕질의 역사는 꽤 길다. 인스타그램에 레고스타그램을 꾸준히 업뎃하는 나는 전 세계 덕후들의 친구이기도 하다. 하지만 나의 이런 즐거움과는 별개로 종종 하루 3~4시간 정도를 레고와 뒹구는 나를 바라보는 시선은 제각기 다르다. 최고 조력자인 엄마조차도 레고 브릭들이 뒹구는 걸 보다 못해 "야! 김풍미! 그거 안 치우면 다 갖다 버릴 거야!"라고 협박한다. 어릴 때는 엄마가 진짜 버릴까 봐 울면서 매달린 적도 있었지만 이제는 엄마도 그 비싼 걸 쉽게 버리지 못할 거라는 걸 알고 있다. "레고 산 돈만 모았어도……."라는 엄마의 말은 정말 사실이다.

그렇지만 나는 지금도 포기하지 못하고 이 짓을 이어 가는 중이다. 수천 개의 브릭들로 만드는 새로운 세상은 언제나 흥미진진하다. 요즘은 글쓰기를 한답시고 거의 만들지 못했는데 오늘은 모처럼 브릭들을 꺼내 편의점 하나를 만들어 보았다. 투명한 유리창을 세우고 그 옆엔 의자와 식탁을 놓아 두 개의 피규어를 앉힌다. 오늘 이들의 메뉴는 컵라면이다.

컵라면은 나처럼 방에서 나오지 않는 덕후들을 위한 최고의 메뉴다. 편리하게 살 수 있는 것은 물론이고 먹기 위해 준비해야 할 것은 물을 끓이는 것뿐이다. 게다가 용기에 표시된 금까지 물만 부으면 최적화된 맛을 즐길 수 있다. 먹고 치우는 데는 거의 아무 노력도 들지 않는다는 최고의 매력까지. 하지만 컵라면에 대한 시선은 사람마다 다르다. 엄마는 라면 용기에서 나오는 환경 호르몬을 운운하고 할머니는 그 짠 걸 왜 먹느냐고 타박이다. 건강이라는 관점에서 보면 컵라면은 최악의 음식이다. 같은 대상이라도 입장에

따라 달리 보이는 것은 어쩔 수 없는 일이다. 그러니 다시 한번, 모두에게 인정받으려고 하지 말자. 어덕행덕이다. 나는 내친김에 '컵라면 덕후'를 검색해 봤다.

혹시 있을까 했는데 역시나 있다. 세상엔 정말 다양한 사람들이 산다. 편의점 덕후들이 추천하는 베스트 컵라면에서부터 일본, 중국 여행 때 반드시 먹어 봐야 하는 컵라면까지 그들의 컵라면 사랑은 끝이 없다. 그중엔 내가 이미 먹어 본 것들도 있지만 역시나 먹어 보지 못한 것들이 많다. 특히 매운 치즈 라면은 한번 도전해 보고 싶은 맛이다. 매운 것과 치즈는 먹어 본 자만이 아는 찰떡궁합이니까! 상상만으로도 침이 고인다. 덕후들은 기존의 컵라면을 그대로 먹는 것에 만족하지 않았다. 그들은 라면 국물에 치즈와 김치를 넣는 창의력은 물론이고 물 대신 멸치 육수를 넣어 보기도 하고 스프를 자체 제조하여 먹기도 한다. 창의력의 원천은 도전 정신! 맛있는 라면을 찾는 것은 기본, 새로운 맛을 느끼기 위한 노력은 끝이 없다.

사실 나의 레고도 이와 다르지 않다. 기본 도안을 갖추고 나온 레고는 조리법이 적혀 있는 컵라면과 같다. 하지만 조리법을 바꾼 컵라면이 새로운 맛으로 변신하듯 레고도 도안에서 벗어나면 전혀 새로운 것으로 탄생한다. 이 변화의 과정에서 느껴지는 즐거움이 내가 레고를 끊지 못하는 이유이다. 누군가 내게 레고 중독이라 해도 변명할 말이 없다. 주로 담배, 술, 마약, 도박, 게임 등에 함께 붙는 단어인지라 중독은 나쁜 것이라고 생각하기 쉽지만 무언가에 열렬히 빠져든다는 게 무조건 나쁘다고만 할 수 있는 걸까?

이런 생각에 빠져 나는 오늘도 브릭으로 새로운 세상을 만들어 내며 차가운 플라스틱이 만드는 따뜻한 세상을 꿈꾼다. 엄마의 잔소리와 아빠의 따가운 시선을 받아 내야 하고, 모든 용돈을 레고에 쏟아붓다 보면 나 역시도 이 짓을 왜 하나 싶을 때가 있다. 하지만 내가 나쁜 짓을 하는 것도 아닌데 뭐 어때 하는 반항심이 불쑥 솟아오른다. 물론 술이나 담배, 도박처럼 해로운 것들은 피해야 하겠지만 그렇지 않다면 좀 빠져들어도 되지 않을까?

컵라면이 몸에 좋지 않다는 건 초딩들도 다 아는 사실이다. 문득 어른들이 싫어하는 것들, 예를 들자면 공부와는 전혀 상관없어 보이는 것들이 컵라면을 닮은 것 같다는 생각이 들었다. 몸에 나쁘니 먹지 말라는 어른들의 잔소리는 뭘 하든 들을 수밖에 없는 말이다. 레고 만들기를 포기할 수 없는 나를 비롯하여 모든 교과서에 만화를 그리는 민준이, 매일 스마트폰 게임을 하면서 게임 개발자가 되겠다고 얘기하는 정태, 프라모델에 빠진 승주도 저마다 애쓰며 자기들의 세상을 열어 가고 있다. 그럼 이제 남의 눈치를 그만 보면 어떨까? 까짓것, '이거까지만 하고 그만할게.'보다는 '이거를 제대로 해 볼게.'로 바꾸면 어떨지. 표시된 선까지 물을 붓고 기다려 적당히 먹기보다는 새로운 방식으로 남과 다른 맛을 즐길 줄 아는 라면 덕후들처럼 무엇인가에 빠진다는 건 남들처럼 적당히 즐기는 것과는 다르다. 그것이 무엇이든 제대로 빠질 수만 있다면 꽤 괜찮은 맛을 느낄 수 있지 않을까?

#컵라면의변신은무죄 #중독이아니라니까요 #나는덕후다 ♥26

      ㄴ 적당히 즐기기보다는 제대로 빠져들자. 멋져요~

           ㄴ 변명이라고 생각할 수도 있겠지만요, 그러고 싶어요.

      ㄴ 음, 그래서 중독돼도 괜찮다는 거예요?

           ㄴ 뭐… 된다, 안 된다는 게 아니라 그만큼 미쳐 보는 건 괜찮지 않을까 한다는 거예요~

√등록

　　중독은 어떤 대상(행위)에 대해 갈망, 내성, 금단 현상이 일어날 때 쓰는 말이야. 흡연, 음주, 도박, 쇼핑 등은 중독으로 인한 개인적, 사회적 피해가 크기 때문에 치료를 권하거나 심하면 법으로 제한하기도 하지. 하지만 이런 경우가 아니더라도 풍미의 레고 조립처럼 무엇인가에 집착하거나 몰입하는 경우들을 어렵지 않게 찾을 수 있어. 오늘 풍미는 중독이 아니라 몰입을 이야기하고 싶은 거였겠지만 중독과 몰입의 차이는 아주 작기 때문에 균형 있는 삶을 위해서는 노력이 필요해. 물론 그 노력의 주체는 그 누구도 아닌 스스로가 되어야겠지. 그렇다면 균형 있는 삶이라는 건 도대체 누가 어떤 기준으로 판단하는 거지?

　　쉽게 대답하기 어려운 문제지만 그것은 알고자 하는 마음, 사랑하는 마음과 닿아 있는 것 같아. '지즉위진애 애즉위진간(知則爲眞愛 愛則爲眞看)', 알면 사랑하게 되고 사랑하면 참으로 보게 된다는 말이야말로 몰입의 경지에 이르는 방법이 아닐까 싶어. 소위 덕후라는 사람들을 보면 그 분야에 전문적인 지식을 쌓고 모으는 사람들인 경우가 많잖아. 바로 몰입이란 이렇게 알고자 하는 욕망, 사랑하게 되어 남과 다른 참모습을 보는 경우가 아닐까. 그렇다면 지금 내가 빠져 있는 대상이 무엇이든 중독인지 몰입인지를 구분하는 방법은 의외로 매우 쉬울 수도 있어. 바로 그 대상에 대해 지금 내가 알고 있는 것들을 적어 보는 거야. 만약 A4용지 한 장을 가득 채우고도 계속 쓸 수 있는 게 있다면 그것은 네가 지금 몰입하고 있는 대상임이 분명해. 하지만 한 줄을 적고 나서 쓸 수 있는 게 없다면 그건 너를 잠시 즐겁게 해 주는 자극일 뿐이야. 만약 그 자극에서 빠져나오지 못하고 있다면 그건 중독인 거겠지.

그럼 풍미의 레고 만들기는 중독일까, 몰입일까? 그리고 지금 너희들은 어떻지?

┗ 김밥,
┗ 새로운 탄생

┗

┗

┗

이제 곧 방학이다. '우아! 방학이다!'라고 외치고 싶지만 방학이라고 해도 지금과 크게 다르지 않은 하루가 반복될 걸 생각하니 우울하기만 하다. 그래도 시간은 정말 빨리 지나간 것 같다. 어느새 1학년의 반이 끝나다니 믿어지지 않는다. 오늘은 이번 학기 마지막 동아리 모임이 있었다. 쉼 샘과 동아리 부원들이 모두 모여서 평가회라는 걸 했다.

"한 학기 동안 글쓰기를 해 보니 어때?"

쉼 샘의 물음에 은미도 성주도 승원이도 미연이도 뭔가 의미심장한 미소를 짓고 있다. 이내 "쓰기는 뭘 써요?", "쓰고 싶었는데 꾸준히 쓰지를 못했었어요.", "어떻게 쓰는 건지 모르겠어요."와 같은 소리가 여기저기서 들린다. 은미도 한마디 보탰다.

"글쓰기를 해 보니까 주변을 좀 더 객관적으로 바라보게 되는 것 같아요."

'역시 은미다!'라고 생각하는 내가 당황스럽기는 했지만 나도 은미의 생각에 동의한다. 글쓰기는 1인칭 주인공 시점의 세상을 3인칭 관찰자 시점으로 바라볼 수 있게 한다. 그런 탓인지 글을 쓰다 보면 엄청난 일이라 여겼던 것들도 별것 아닌 게 되는 경우가 많다. 바로 그때 쉼 샘은 나에게 의미심장한 눈빛을 보내며(나 혼자 의미심장하다고 느낀 것일 수도 있지만), "풍미는 어땠어?" 하신다.

헐, 나는 그저 은미의 말에 내 생각을 덧붙이고 있었는데 이런 공격은 당황스럽다.

"네? 저요?"

"응, 그래. 너!"

"글쎄요, 저는 글쓰기를 하다 보니까…… 무심코 지나쳤던 사물들에 대해 진지하게 생각해 보게 된 것 같아요. 관찰하는 능력이 좀 좋아진 거 같아요."

사실 나도 내가 무슨 말을 어떻게 내뱉은 건지 정확하게 기억나진 않지만 대강 이런 말을 했던 것 같다.

"시작이 반이라는 말이 있듯이 방학 때에는 더 적극적으로 글을 써 보길 바란다. 그리고 2학기에는 용기 내서 서로의 글을 공개해 보기로 해."

쉼 샘의 말로 동아리 모임은 끝이 났다. '2학기에는 공개를 하자고? 아, 부끄러운데⋯⋯.' 하는 생각에 빠져 계단을 내려오는데 누군가 내 이름을 불렀다. 은미였다.

"풍미야, 너도 꾸준히 뭔가 쓰고 있는 거 같더라. 잘돼 가?"

"어, 그게⋯⋯. 잘하고 있는 건지는 잘 모르겠어. 그냥 생각나는 대로 쓰는 거라."

"크크, 그렇구나. 나도 뭘 쓰고 있기는 한데 쉽지 않아. 우리 끝까지 잘 써 보자. 너는 잘할 수 있을 것 같아."

은미의 이런 응원이 고마웠지만 부끄럽기도 해서 나는 아무런 대꾸도 못 했다. 역시 남중을 나온 나에게 여자사람친구를 대하는 일은 어렵다.

고개를 끄덕이며 계단을 내려왔는데, 어느새 나는 편의점 안에 들어와 김밥을 손에 들고 있었다. 전자레인지에 따뜻하게 데워 먹을 수도 있겠지만 나는 왠지 차가운 김밥이 좋다. 이미 식을 대로 다 식은 찬 김밥을 강제로 따뜻하게 만들면 밥알도 풀어지고 야채들도 원래의 맛을 잃어 밍밍해지는 듯해서 그냥 찬 김밥을 먹는다. 입안에 퍼지는 차가운 기운을 따라 뭔가 싱그러운 느낌이 든다.

기억을 더듬어 보면 엄마는 예전에 은박지에 돌돌 말린 김밥을 사 주셨던 것 같다. 한 줄에 천 원 정도였는데 즉석에서 싸 주는 김밥은 따스한 밥과 달달한 단무지의 조합만으로도 자꾸 먹고 싶어지는 맛이었다. 그런데 어느 순간부터 이런 김밥이 사라지고 '건강'이라는 이름과 함께 고급스러운 김밥들이 등장하기 시작했다. 각종 속 재료가 밥보다 더 많이 들어찬 이 고급 김밥들은 밥이 훨씬 많았던 은박지 속 김밥을 밀어 내고 요즘 대세로 자리 잡았다. 여전히 즉석에서 싸 주는 따스한 김밥이지만 가볍게 한 끼를 때울 수 있었던 그때의 가격에서 무려 3~4배까지도 비싼 김밥은 이제 만만하게 사 먹기도 어렵다. 은박지로 꾹꾹 눌러 포장해 주던 김밥의 가격은 편의점에 가서야 만날 수 있게 되었다.

나는 오늘 숯불 맛이 나는 김밥을 선택했다. 은박지 대신 비닐에 말려 있는 이 김밥은 세워서 먹으면 하나씩 쏙쏙 빼 먹을 수 있다. 걸으면서도 먹을 수 있는 포장이 매력적이다. 나는 숯불 김밥 하나로는 아쉬울 것 같아서 고추장 맛 삼각 김밥도 하나 샀다.

"야, 김풍미! 너는 왜 맨날 먹으면서 다니냐?"라는 소리에 돌아보니 은미가 방긋 웃고 있었다. 하마터면 입에 넣은 김밥이 앞으로 발사될 뻔했다. 내가 캑캑거리자 은미는 미안하다며 들고 있던 물을 건넸다. 나의 의지와 상관없이 은미는 아무 때나 아무 곳에서 불쑥 등장했다 사라진다. 아무튼 그런 까닭에 나는 은미와 친한 것 같기도 하고 아닌 것 같기도 한 느낌으로 한 학기를 보냈다.

"깜짝 놀랐잖아. 집에 가? 삼각 김밥 하나 있는데 먹을래?"

"고맙지. 근데 너 먹어야 하는 거 아니야?"

"괜찮아. 진우랑 농구 한판 하고 일찍 집에 갈 거야."

"날도 더운데 농구라니, 정말 대단해. 근데 이 김밥도 대단하지 않아?"

"뭐가?"

"이 안에 든 거 따로따로 차리려고 해 봐. 그릇이 몇 개가 필요하겠냐? 근데 하나로 똘똘 뭉쳐서는……."

은미의 말을 들으니 김밥과 은미가 새삼 대단해 보였다. 똘똘 뭉쳐진 김밥이나 그걸 펼쳐서 생각해 본 은미, 모두 말이다.

"귀찮아서 한데 뭉쳐 놓은 거겠지. 한 번에 다 먹으려고."

"그럴 수도 있겠다. 그럼 김밥은 게으른 사람이 만든 거?"

이러면서 은미는 깔깔 웃는다. 나는 김밥을 꾹꾹 씹어 삼키며 은미와 함께 길을 걷는다. 날은 더운데 이상하게도 마음은 시원한 것만 같다.

집에 와서 식탁의 차림새를 곰곰 생각해 보았다. 늘 그렇지는 않지만 대개는 밥과 반찬, 국 또는 찌개를 먹는 게 우리의 일반적인 밥상이다. 그런데 김밥은 일반적인 밥상을 뒤엎고 오직 하나의 덩

어리로 완성되어 있다. 누군지 모르지만 상식을 뒤엎고 새로운 맛을 탄생시킨 거다. 사람들은 누군가가 만들어 놓은 아이디어 상품들에 '에이, 나도 할 수 있는데.'라는 말을 종종 한다. 하지만 그 할 수 있는 일을 실제로 하는 사람은 몇 되지 않는다. 그렇기에 생각을 전환한 그들의 아이디어는 상품이 될 수 있고 사람들의 삶을 편리하게 해 줄 수 있는 거다. 여러 번 먹어야 하는 것을 단번에 먹을 수 있고, 여러 개의 그릇을 쓰지 않아도 되며, 시간이나 장소에 비교적 제한을 덜 받을 수 있는 김밥 역시 누군가의 생각의 전환 덕분에 가능했을 거다. 여기에 포장의 기술, 삼각 김밥으로의 변신 역시 생각하고 실천한 이들 덕분에 가능한 일이었다.

이런 생각들을 글로 적고 있는 이 시간, 고소한 밥 냄새가 방까지 들어온다. 엄마는 오늘 김밥을 하시겠다고 했다. 이름 하여 셀프 김밥! 세상에, 엄마도 생각을 전환했다. 완성품으로서의 김밥이 아니라 직접 완성해서 먹는 김밥으로 말이다. 엄마는 김 한 장을 네 등분 하고 김밥에 들어갈 재료들을 짧고 얇게 손질해서 쭉 늘어놓았다. 얼핏 보면 월남쌈 같은 비주얼이다. 먹고 싶은 걸 넣어서 스스로 만들어 먹으란다.

"아들! 김밥을 누가 싸 줘서 먹는다는 생각을 버리고, 네가 싸 드셔요."

ㄴ 풍미 님은 무슨 김밥 만드셨나요?

    ㄴ 만들기는요, 괜히 짜증 나서 한데 섞어서 비빔밥 만들었어요.

        ㄴ 오~ 김밥의 변신은 무죄!!!

ㄴ 불편함이 새로운 것을 탄생시킨 거네요.

    ㄴ 거창하게 보자면 그렇다는 거구요.

ㄴ 어머님 걸크러시, 신박!

    ㄴ 엄마도 귀찮으셨던 거죠…. 김밥을 마는 게….

ㄴ 아까 삼각 김밥 고마웠어. ^^

    ㄴ 헐!!!!!!!!!!!!!!!!!!!!!!!!!!!!!!!!!

"당신이 보고 있는 것들에 대해 생각해 보라. 자신이 가장 생각하지 않는 것들에 대해 가장 많이 생각하라."

마르셀 뒤샹의 말이야. '샘'이라는 이름으로 남성 소변기에 자신의 서명을 남기고는 뻔뻔하게도 미국 독립미술가협회 전시에 출품하려 했던 작가지. 그 당시 많은 사람은 코웃음을 치며 그의 작품을 거절했어. 그런데 뒤샹은 무슨 생각으로 이 소변기를 출품하려고 했을까? 그의 이러한 도전은 소변기가 가진 사회적 혹은 미적 가치 때문은 아닐 거야. 오히려 변기 같은 것들은 예술이 될 수 없다는 사람들의 관습에 대한 반발이라고 할 수 있지. '이런 건 왜 예술이 되면 안 되는데!' 하는 마음이랄까? 당연히 관습에 대한 그의 도전은 쉽게 받아들여지지 않았지만 시간이 지난 지금은 상황이 많이 달라졌어. 누구도 생각하지 못했던 그의 발상 자체가 고스란히 드러난 예술로 인정받지. 지금이라도 삼선 슬리퍼에 사인을 남기고 미술전에 출품하고 싶다고? 아쉽지만 뒤샹의 도전으로 더 이상 이런 시도는 통하지 않아. 이미 남의 것을 따라가는 것일 뿐이니까.

풍미는 김밥 하나를 두고 일상에서 쉽게 할 수 있는 발상의 전환에 대해 이야기했어. 누군가는 재료를 한데 섞어 새로운 음식을 만들었고 또 누군가는 그것을 늘어놓고 스스로 만들어 먹는 새로운 방법을 찾았지. 또 도시락에 가지런히 놓아야 할 것 같은 김밥을 세워서 먹을 수 있게 만든 포장지, 둥글지 않은 세모난 김밥들까지 모두 발상의 전환이 있어 가능한 일이지.

'유레카!'를 외치며 알몸으로 뛰어나왔다는 수학자 알지? 그래, 아르키메데스 말이야. 그 역시도 매일 드나들던 욕조 속에서 밀도를 발견했어. 어쩌면 말이야, 새로움은 이렇게 우리 일상 가까운 곳에 있을지도 몰라. 다만 그것을 얼마나 자세히 관찰하고 고민하는가에 따라 누군가는 발견하고 누군가는 지나치고 마는 차이가 있을 뿐이겠지.

ㄴ 집,
ㄴ 의외로 먹을 게
ㄴ 제일 없다
ㄴ

ㄴ

맞벌이를 하시는 부모님 때문에 나는 외할머니의 손에서 자랐다. 할머니의 음식 솜씨는 좋았고 그 덕분에 나는 어릴 때부터 쭉 건강한 신체와 까다로운 입맛의 소유자로 성장했다. 생각해 보면 할머니의 삼시 세끼는 색도 맛도 언제나 달랐다. 당시에 나는 남들도 다 그렇게 먹고 사는 줄 알았다. 그렇지 않음을 안 것은 얼마 되지 않는다.

나와 풍성이도 많이 컸고 엄마나 아빠가 퇴근 후에 충분히 우리를 보살필 수 있게 되었다는 이유로 할머니는 이제 가끔씩만 우리 집에 오신다. 그러니까 2년 전부터 엄마가 우리의 삼시 세끼를 본격 책임지게 되었다는 뜻이다. 간간이 아빠도 우리의 밥을 챙겨 주셨지만 간장밥과 라면이 전부인 아빠의 메뉴는 이제 나도 해 먹을 수 있다. 어찌 되었든 그 이후 우리 집엔 많은 변화가 있었다. 끼니마다 달랐던 메뉴는 매끼 같은 메뉴로 변경되었고, 카레나 볶음밥 같은 한 그릇 음식도 자주 먹게 되었다. 아무거나 잘 먹을 것처럼 생긴 나지만 실상 맛이 없거나 입맛에 맞지 않으면 잘 먹지 않는 까다로운 내가 엄마의 식단에 적응하는 일은 쉽지 않았다. 밥상머리에서 투덜거리는 나를 향해 엄마는 '주는 대로 먹어라.'라고 했고 그럴 때마다 나는 외할머니의 밥상을 그리워하며 그간의 식사가 당연한 일이 아니었다는 사실을 깨달았다. 역시 깨달음에는 고통이 따른다. (뭐, 지금 엄마의 식단이 고통스럽다는 의미는 절대 아니다. ^^)

방학이 시작되고, 텅 빈 집에 누워 점심은 뭘 먹을까를 고민하다 할머니 생각이 났다. 당연하다고 생각했던 일의 당연하지 않음을 새삼 느끼며 부엌을 어슬렁거렸다. 보물찾기를 하는 심정으로! 냉동실에는 마늘, 파, 생선, 고기, 냉동 만두 등이 빈틈없이 들어 있지만 그중에 뭘 꺼내서 해 먹고 싶은 생각은 전혀 들지 않았다. 냉장실에는 어제 먹고 남은 된장찌개와 김, 달걀, 김치 등이 있다. 싱크대의 문 반대편에는 라면들이 나란히 줄을 서 있다. 부엌의 많은 문을 열어 보았지만 먹을 만한, 아니 먹고 싶은 것은 없었다.

"에이, 짜증 나. 뭐, 집에 먹을 게 이렇게 없냐!"

혼잣말을 내뱉고는 먹다 남은 된장찌개를 데웠다. 다음엔 김치를 가위로 작게 잘랐다. 그릇에 밥을 퍼서 작게 자른 김치, 고추장을 넣고 비비기 시작했다. 하얀 쌀밥이 순식간에 짭조름하면서 매콤한 맛을 지닌 비빔밥으로 변했다. 김에 크게 싸서 입안에 넣으며 무에서 유를 창조한 스스로를 칭찬했다. 식탁에 앉아 그릇을 껴안고 밥을 먹는데 불현듯 정리되지 않은 거실이 보였다. 여기저기 널려 있는 책들, 만들다 말고 끌고 나온 레고 조각들이 거실을 뒹굴었다. 내 방도 마찬가지다. 겨우 발이 지나갈 틈만 있을 뿐이다. 지저분한 방과 거실을 보다 '에구, 이거 뭐냐? 쓰레기장도 아니고.' 하는 생각이 들었다.

집은 학교와 달리 허락받은 소수의 사람들이 공유하는 공간인 동시에 먹고, 자고, 싸고, 쉬는, 생존에 필요한 가장 중요한 공간이다. 가장 중요한 공간이자 아껴야 할 곳이지만 다른 사람들의 간섭과 침해가 가장 적다는 이유로 집은 또 가장 쉽게 무시된다. 소중한 것을 무심히 대하는 경우가 집뿐만은 아니다. 가족, 친구처럼 늘 곁에 있기에 당연하다고 여기는 대상은 오히려 무관심의 대상이 되기 쉽다. 사실 당연한 것은 세상 그 어디에도 없다. 할머니가 해 주시던 맛있는 음식이나 늘 정리되어 있던 집 안의 풍경도 당연한 일은 아니었다. 할머니의 노동과 사랑이 있었기에 가능한 일이었다. 반면 지금 텅 빈 냉장고나 엉망인 집 안의 풍경에는 누군가의 노동과 보살핌이 빠져 있다. 우리 집에는 무려 네 사람이 살고 있음에도 불구하고 말이다. '누군가는 하겠지.' 하는 마음으로 서로 미루다 보면 정작 아무도 아무것도 하지 않을 수 있다. 사람에 대한 관심과 보살핌도 마찬가지다. 가장 가까이에 있어 늘 함께 생활하기에 무심했던 사람들, 당연히 곁에 있을 것이라 생각했던 사람들을 떠올려 본다. 나는 할머니에게 전화를 걸었다.

"할머니!"

"어머, 우리 풍미구나. 잘 있었어? 웬일이야?"

"어, 그냥. 할머니가 생각나서요. 아프신 데는 없어요?"

"응. 할머니는 괜찮아. 풍미는 아픈 데 없어?"

"저야 뭐, 늘 건강하죠. 저희 집에 놀러 오세요. 저 방학했어요."

"그래, 가야지. 우리 풍미가 좋아하는 거 해 갈까?"

"네! 할머니 밥 그리워요!"

할머니에게 한 통의 전화를 걸고 안부를 묻는 일, 이 쉬운 일을 그동안 왜 하지 못했는지를 자책하며 식탁 위의 그릇을 치우고 싱크대 앞에 섰다. 아침을 허겁지겁 먹고 나간 엄마와 학원을 간다고 쏙 나가 버린 풍성이의 흔적이 고스란히 쌓여 있었다. 평소 같으면 겨우 식탁의 그릇을 설거지통에 넣고는 뒤돌아섰겠지만 오늘은 아니었다. 설거지를 했고 음식물 쓰레기를 치웠다. 바닥에 흩어져 있던 책들을 정리하고 널브러져 있던 이불도 개어서 장에 넣었다. 생각보다 힘이 들어서 그만하고 싶은 생각이 마음 깊은 곳 어디에선가 불쑥불쑥 올라왔다. 하지만 무엇인가를 돌보는 데에는 이렇게 노력과 시간이 든다는 걸 깨닫는다.

청소기까지 돌리고 나서 샤워를 했다. 개운한 마음이 든다. 먹을 게 가장 없던 집 덕분에 중요한 사실 하나를 깨닫는다. 집은 우리에

게 소중한 곳이지만 의외로 가장 돌보지 않는 공간이었다는 것을,
소중하지만 당연한 관계여서 돌아보지 못하는 사람들이 있었음을
알았다. 핸드폰을 열고 친구들에게 방학 잘 보내라고 문자를 보낸
다. 엄마와 아빠에게는 오랜만엔 깨끗한 집을 사진으로 찍어 보낸
다. '사랑해'라는 오글거림과 함께. 그런데 풍성이에게는 뭐라고 하
지? '너, 어지럽히면 죽인다?' ㅋㅋㅋ

ㄴ 저도 오랜만에 엄마한테 사랑한다고 말해 봐야겠어요.

  ㄴ 생각만 말고, 실천하시길요~

ㄴ 우리 집도 장난 아닌데, 저도 오늘 청소를 해 볼까요?

  ㄴ 참을성 많이 필요함!!!

ㄴ 동생 풍성이에겐 결국 뭐라고 하셨어요?

  ㄴ 아무 말도 안 했음요. 풍성이 녀석은 청소한 줄도 모르는 듯…. 동생들

  이란…. 쩝!

샘도 풍미의 이야기를 읽고 나서 밀린 설거지를 하고 집 안도 정리했어. 깨끗해진 집을 보니 뿌듯해지던걸. 집 안 구석구석을 돌아보면서 버려야 할 것, 정리해야 할 것, 고쳐야 할 것들도 살펴보게 되고 말이야.

늘 곁에 있기에 당연하다고 여기고 무심하게 되는 대상을 떠올리는 일은 어렵지 않지. 풍미 말대로 집이 그렇고 가족이 그렇고 친구가 그렇지. 그런데 정말 우리가 쉽게 외면하는 존재가 있어. 뭔 줄 아니? 그래, 바로 너, 우리 자신이야. 너 자신의 마음을 돌본 지 얼마나 됐어? 아마 그런 일이 필요하다는 것도 모를걸. 어쩔 줄 모르고 슬프기만 하고 좌절감에 괜히 자책만 하면서 시간을 보내진 않았어? 자신을 돌봐야 한다는 것도 까마득히 잊은 채 말이야. 우리는 자신을 돌보는 데 서툴러. 그래야 한다는 걸 배운 적도 없고, 어떻게 해야 하는지 알려 주는 사람도 없으니까. 그럼 이제부터라도 네 마음의 집을 좀 돌봐 주면 어떨까?

'자존감'이라고 들어 봤지? 어떻게 자존감을 가지냐고? 자신을 존중하는 과정이야말로 마음의 집을 돌보는 과정이 아닐까 싶어. 샘은 마음을 언어로 표현해 보는 일이 그 시작이 되어 줄 수 있다고 생각해. '이런 씨×'에 모든 감정을 담지 말고, 화가 나고 부끄럽고 속상한 마음들을 끄집어내서 왜, 무엇 때문에 그랬는지를 살펴보는 거지. 그렇게 하다 보면 나를 힘들게 했던 일들이나 대상이 별거 아닌 것처럼 느껴지기도 하고 자신을 성찰해 볼 수도 있게 돼. '내가 왜 속상한 거지? 내가 무엇 때문에 이렇게 힘이 들지?' 하면서 질문도 해 보고 말이야.

최근 유명해진 아들러라는 심리학자가 있어. 그의 심리학을 '용기 심리학'이라고도 해. 왜냐고? 평범해지길 거부하지만 평범할 수밖에 없는 우리에게 '그래도 괜찮다.'라고 말해 주거든. 남들에게 인정받지 않아도 괜찮으니까 지금의 나를 받아들이는 '용기'를 가지라고 말이야. 어쩌면 마음을 돌본다는 건 집스타그램을 하듯 요란하게 하라는 게 아니라 평범하지만 편안하게 쉴 수 있는 공간으로 만드는 일이 아닌가 싶어. 이제부터라도 마음의 집을 돌볼 수 있겠니?

└ 밥,
└ 밥은 먹었니?

└

└

└

은미는 내게 종종 '밥은 먹었어?'라고 묻곤 했다. 사실 나는 은미의 이 말에 그다지 신경 쓰지 않았고 '지금이 몇 신데, 먹었지.'라고 무심히 대답하곤 했었다. 솔직하게 말하자면 할머니 같다는 생각도 했다. 할머니도 시시때때로 '풍미야, 밥 먹었어?' 하고 물으신다. 하지만 오늘은 은미의 이 말이 너무나도 고마웠다.

"안녕, 밥 먹었어?"

"응? 아니, 아직. 너는?"

"음, 그럼 나랑 학교 앞에 떡볶이 먹으러 갈래? 내가 사 줄게."

방학이지만 학교에는 계속 나왔고, 급식이 없는 탓에 애들은 알아서 점심을 해결한다. 물론 나도 평소에는 그런다. 하지만 오늘 아침엔 엄마의 잔소리에 짜증 내고 혼나길 반복하다 겨우 가방만 챙겨서 학교에 왔다. 아침부터 기운을 뺀 나는 오전 수업 시간 대부분을 엎드려 잠만 잤다. '내가 뭘 그렇게 잘못했다고!' 하는 생각이 들어 억울하고 갑갑했다.

오전 수업이 끝나고 점심을 먹으러 가자는 애들의 말에 '싫어!'라고 말한 뒤 도서관으로 가던 길에서 은미와 마주쳤다. 돈도, 입맛도 없어 만화책이라도 보면 나아지려나 하는 심정이었는데 뜻밖에 은미를 만났고 밥은 먹었냐는 말에 기분이 한결 가벼워지는 듯했다. 사실 은미가 지난번에 내 글에 댓글을 남기면서 뭔가 쑥스럽기도 하고 어색하기도 했었는데 은미는 지금까지 그 글에 대해 한마디도 하지 않았다. 어쩌면 댓글의 주인공이 은미가 아닐지도 모른다는 추측과 의심을 하고 있었다. 그렇다고 먼저 물어보기도 어려워 괜히 눈치만 보는 중이었다. 아무튼 은미와 함께 떡볶이를 먹었고 매운 걸 먹어서 그런지 기분도 나아지는 것 같았다. 그런데 은미는 별로 먹지 않았다. 왜 그러냐고 물으니 사실 자기는 밥을 먹었단다. 근데 왜 나랑 떡볶이 먹으러 가자고 했느냐는 물음에 은미는 이렇게 답했다.

"안 먹었다고 해서. 배고플 시간이잖아. 못 먹었을 수도 있을 것 같아서. 사정이 있어서 안 먹는 거면 같이 가자고 해도 안 갈 테니까 물어본 거야."

세상에! 나는 다시 태어나도 생각하지 못할 일이었다. 은미는 옷으며 담담하게 말했지만 어떻게 그런 생각을 할 수 있는지 놀랍기만 했다. 그렇다고 이 역시도 물어보기에는 어려운 질문이다. 나는 고맙다는 말을 하고는 아침에 엄마랑 싸운 일에 대해 이야기했다. 방학이라고 집에서 잠만 잔다는 둥, 방은 언제 치울 거냐는 둥 잔소리 듣다가 싸웠다고 말이다. 은미는 웃으면서 자기도 맨날 엄마랑 싸운다고 했다. 이유는 뭐 크게 다르지 않았다. 왠지 위로가 되었다. 나만 겪는 일인 줄 알았는데 그런 게 아니라서 다행이라는 생각도 들었다. 아무튼 은미의 '밥 먹었어?'는 오늘 내게 많은 위로가 되었다.

현관문 앞에서 잠시 머뭇거렸지만 심호흡을 하고 집에 들어갔다. 엄마 역시 아무 일 없었다는 듯 "밥은 먹었어?"라고 물었고, 나는 "네, 친구가 사 줬어요." 하곤 방으로 들어왔다. 엄마의 '밥은 먹었어?'가 오늘은 '미안했어.'로 들렸다. 나는 방을 대강 정리하곤 욕실에 들어가서 씻었다.

"형, 씻고 나와서 밥 먹어."

밥 먹으라는 말이 오늘처럼 귀에 쏙쏙 들려오는 처음이다.

사실 나는 밥보다도 밀가루로 만든 음식들을 좋아한다. 비빔국수, 잔치국수, 칼국수, 우동, 라면, 스파게티 등등 밀가루의 변신이 만들어 낸 길고 얇은 면들을 애정한다. 뜨겁거나 차갑거나 혹은 맵거나 달콤하거나와 상관없이 이들은 대체로 중간 이상의 맛을 보장한다. 특별히 맛없기 어렵다는 뜻이다. 하지만 밥은 아니다. 밥은 무엇과 함께 먹느냐에 따라서도 다르고 지은 지 얼마나 지났는 지에 따라서도 다르다. 심지어 누가 지었느냐에 따라서도 많은 차이가 있다. 엄마는 꼬들꼬들한 밥을 좋아하고 아빠는 진밥을 좋아한다. 엄마는 잡곡밥을 좋아하고 아빠는 흰쌀밥을 좋아한다. 그래서 우리 집의 밥은 누가 했는지 단번에 알 수 있다. 또 밥은 밥만 먹기엔 뭔가 부족한 맛이다. 밥은 소금기 없는 밋밋한 맛이고 이 점이 반찬이나 국이 필요한 이유이기도 하다. 그래서 '밥'이라는 말에는 쌀을 씻어서 익힌 밥만을 의미할 때보다 반찬이나 국이 포함되어 있는 밥상일 경우다 많다. '밥 먹고 싶다.'라는 말이 정말 밥만 먹고 싶다는 걸 의미하지는 않는다는 뜻이다. '밥 먹었어?'라는 말도 마찬가지다. 정말 밥을 먹었느냐는 의미일 수도 있지만 때로는 '너 괜찮아? 무슨 일 있니?'라는 말이 되기도 하고, '미안했어. 같이 밥 먹자.'의 의미가 되기도 한다. 바로 오늘처럼.

식탁에는 갓 지은 듯한 밥이 모락모락 김을 내뿜고 있었다. 내가 좋아하는 돼지고기를 넣은 김치찌개도! 별다른 반찬은 없지만 묵은 김치와 돼지고기가 한데 섞인 찌개만으로도 뜨거운 밥 한 공기를 뚝딱 비울 수 있었다. 엄마는 괜히 내 눈치를 보는 것 같았고 풍성이는 눈치도 없이 이번 여름엔 아무 데도 안 따라가겠다며 엄마의 속을 긁었다. 이제 중2가 된 풍성이의 반항은 날로 업그레이드 중이다. 나도 저랬나 싶을 정도로 이 녀석은 가끔 엉뚱한 행동과 말로 사람들을 당황스럽게 했다. 갑자기 엄마가 안쓰럽다는 생각이

들었다. 중2, 고1 아들들 틈에서 아무리 씩씩한 엄마라도 힘들고 외로울 수 있겠다는 생각을 처음 했다. 아마 다른 날 같았으면 엄마는 '언제 너한테 가자고 했어? 시끄러. 밥 먹어.' 등의 말을 했을 텐데 오늘은 어쩐지 아무 말도 하지 않는다. 그냥 꾹꾹 밥을 씹어서 삼키는 것 같았다. 나는 풍성이에게 조용히 밥 먹으라고 한마디 날리곤 물을 한 컵 따라서 엄마에게 건넸다. 엄마는 빤히 나를 올려다보았다. 엄마에게 '천천히 드세요.' 한마디 건네려고 했지만 말이 입 밖으로 나오지 않아 그냥 밥만 먹었다. 밥을 먹는다는 것, 밥을 함께 먹는다는 것은 다른 무엇을 먹는 것보다 더 중요하다는 사실을 깨달았다. '밥 먹었니?' 이 별거 아닌 것 같은 말이 때로는 위로가 된다는 사실에 새삼 감탄하며, 당연히 먹는 밥이라고 생각했던 것이 당연히 먹을 수 없는 것이 될 수도 있고 서로의 숟가락이 오고 가는 동안 밥이 아닌 가슴의 말들이 오갈 수도 있음도 알게 되었다.

별 대화 없는 식사는 금방 끝났고 풍성이는 어느새 사라졌다. 나는 일어나 식탁 위의 그릇을 설거지통에 담갔다. 엄마의 눈이 계속 나를 따라다닌다는 걸 진작부터 알고 있었으나 애써 모른 척하고는 반찬통 뚜껑도 덮어서 냉장고에 넣는다. 엄마 역시 아무 말도 건네지 않았지만 우리는 서로에게 미안하다는 말을 했다. 엄마는 '밥 먹었니?'로 나는 '잘 먹었어요.'로.

#밥먹었니? #역시밥을먹으면기분좋아져 #밥만먹지말고말도하자 ♥21

  ↳ 오오~ 은미 님과 '함께' 떡볶이를….
    ↳ 은미 덕분에 쓰러지지 않을 수 있었어요.
  ↳ 저도 맨날 엄마랑 싸워요. 방 치워라, 옷 똑바로 벗어라, 공부해라…. 지겨워요…. ㅠㅠ
    ↳ 고딩으로 산다는 건… 흑흑….

　조건 없이 타인의 '식사' 여부를 묻거나 염려하는 것은 상대에 대한 호의에서 시작돼. 오늘 은미의 '밥 먹었니?' 역시 평소와 달리 혼자 있는 풍미에 대한 호의에서 비롯된 거지. 풍미 할머니의 '밥 먹었니?' 또한 지금보다 먹을 게 훨씬 부족해 배를 곯기 십상이던 시절에 이웃, 타인에 대한 호의가 몸에 배서일 거야. 할머니의 이 말은 '혹시, 너 지금 배고프니?', '집에 먹을 건 있니?' 등의 버전으로 해석할 수도 있겠지.

　밥을 먹는다는 건 단지 배를 채우는 게 아니라 오늘 풍미네의 저녁 식탁처럼 함께 먹고 얘기하며 마음을 나누는 과정이야. 마음을 주고받는 일이 가능해야 오해도 풀리고 위로도 받을 수 있거든. 사실 배고플 때처럼 서러운 때는 없잖아! 그럴 때 누군가가 '너, 밥은 먹었어?' 하고 말을 건네 준다면 참 고맙겠지? 오늘은 은미와 엄마가 풍미에게 물었지만 이 경험 덕분에 다음엔 풍미가 다른 이들에게 '밥 먹었어?'라고 물어볼 수도 있을 거야. 만약 이런 따뜻한 마음들이 돌고 도는 순환이 계속되면 어떨까? 편의점 계산대에서 바코드를 찍듯 교환하는 게 아니라 조건 없는 호의가 순환된다면 무엇이든 돈으로 살 수 있는 세상을 조금 바꿀 수 있지 않을까? 나아가 나와 관련 없는 이들을 위해 한 끼를 나눌 수 있다면 더 좋고 말이야.

친절하고 따뜻한 마음인 호의의 순환과 관련해서 인류학자 마르셀 모스는 '증여'를 자본주의의 대안으로 제시했어. 다른 이들에게 조건 없이 주는 증여는 바코드 계산대에서 찍을 수 없는 품목이야. 이익이 되지 않는 불청객과 같은 존재지. 하지만 이런 불청객이 많을수록, 계산할 수 없는 품목이 늘어날수록, 돈이 아니라 마음이 순환할수록 자본주의가 가지고 있는 돈의 힘도 약해지지 않을까 싶어. 이런 호의가 계속 순환되려면 어떻게 해야 할까? 사회적인 장치들에 대한 고민도 필요하겠지만 조건 없이 줄 수 있는 마음도 필요한 게 아닐까 싶어. 샘은 그 첫 마디가 '밥 먹었니?'라고 생각해. 그나저나 지금 너희들은 밥 먹었니?

∟ 참치 캔,
∟ 진실은 어쩌면
∟ 보이지 않을 수도 있어
∟
∟

밥을 먹으려다 반찬이 없어도 너무 없어서 참치 캔 하나를 땄다. 자글자글한 기름 사이에 참치의 살코기가 켜켜이 겹쳐 있다. 예전에 나는 참치 캔 속의 기름이 참치의 몸에서 나온 기름이라고 생각했었다. 아무에게 묻지도 확인하지도 않았으나 '당. 연. 히.' 참치 캔 속에 있으니 참치 기름이라 생각했던 거다. 확인하지 않는 자에게 진실은 허락되지 않는다. 여하튼 나는 최근에야 참치 캔 속의 기름이 참치 기름이 아닌 카놀라유 같은 식물성 기름이라는 사실을 알게 되었다. 누구는 식물성 기름이니 먹어도 된다고 하고 누구는 캔 속에 오래 있던 거니 먹지 말라고 한다. 인터넷의 의견은 분분하다. 나는 그냥 맛있는 걸 택한다.

나는 참치&마요네즈를 좋아한다. 마요네즈에 참치를 찍어 먹으면 고소함과 느끼함이 상승된다. 물론 안 그래도 기름인데 거기에 마요네즈까지, 살덩이라는 잔소리는 피할 수 없다. 만약 건강하게 먹고 싶다면 냉장고 안에 상추가 있는지 살펴보면 된다. 비록 고기가 지닌 따뜻함은 없지만 참치의 도톰함과 고소함은 그럭저럭 상추와 어울린다. 이마저도 어렵다면 참치를 김치와 살짝 볶기만 해도 된다. 먼저 참치의 기름과 김치를 함께 볶다가 나중에 참치를 넣는다. 탈 것 같거나 촉촉하게 먹고 싶다면 물을 약간 넣는다. 김치가 흐물흐물해지면 끝. 밥과 비벼 먹어도 맛있다. 이쯤 적고 보니내가 참치를 좋아하는 1인이었다는 게 새삼 드러났다. 먹기도 간편한 참치 캔은 우리 집에서 김, 달걀과 함께 거의 떨어지지 않는 메뉴 중 하나다.

나는 참치를 꺼냈고 오늘은 귀찮으니 마요네즈와 함께 먹기로했다. 엄마도 없으니 살찐다는 잔소리는 피할 수 있을 거다. 참치의분홍빛 살을 먹으며 나는 처음으로 참치가 어떻게 생긴 생선인가가 궁금해졌다. 예식장 뷔페에서 직사각형 모양의 붉은빛이 도는참치 회를 본 적이 있다. 가끔은 실제 참치를 볼 수도 있었는데 내기억에 참치는 성인 남성의 팔만 했다. 그러니까 참치는 우리가 먹는 고등어 같은 거랑은 비교가 되지 않는 스케일인 셈이다. 그런데어쩌다 얘는 이렇게 작고 작은 통 속에 갇히게 되었을까?

알아보니 내가 사랑하는 참치 캔의 참치는 가다랑어. 어느 마트에서나 어렵지 않게 만날 수 있는 이 참치가 멸종 위기 종이란다.

믿을 수 없다! 이런 걸 버젓이 먹어도 되나 싶었는데 가다랑어 자체가 위기 종이 아니라 이 참치들과 함께 잡히는 참다랑어류가 위기 종으로 분류된단다. '뭐 이래?' 싶은 마음이 불쑥 튀어 오르려는 찰나 내가 먹는 걸 잡느라 상어나 가오리, 고래 등이 함께 잡히는 문제에 대해 알게 되었다. 참치를 잡을 때는 축구장 70배 크기의 거대한 그물과 죽음의 덫이라 불리는 집어 장치를 사용하는데 바로 이때 수많은 종류의 물고기가 함께 죽음을 맞이하게 된다. 상상조차 어려운 축구장 70배 크기의 바다가 순식간에 사라지고 마는 셈이다. 채낚시나 손낚시, 트롤 방식으로 잡은 참치만을 유통·소비하는 나라들과 달리 우리나라에서는 여전히 집어 장치를 사용해 잡은 참치를 사용한단다. 덧붙여 참치잡이에 동원되는 사람들의 노동력 착취 문제까지. 내가 먹는 참치 캔이 쉽게 먹어도 되는 참치가 아니라는 생각에 마음이 무거워졌다. 앞으로 10년 혹은 20년 후에는 '아, 옛날엔 정말 많이 먹었었는데.' 하면서 오늘을 떠올릴지도 모르지만 그렇다고 이미 뜯은 참치 캔을 다시 닫을 수도 없는 노릇인지라 참치를 마요네즈에 찍어 밥과 함께 꿀꺽 삼켰다.

밥을 먹고 식탁을 정리하다 다시 자리에 앉았다. 스마트폰으로 참치를 검색하다가 커다란 참치의 머리가 몸과 나뉘어 식탁 위에 버젓이 올려져 있는 사진을 보았기 때문이다. 벌건 핏빛이 선명하게 보이고 그 뒤에는 어린아이만 한 참치의 몸이 놓여 있다. 하얀 옷을 입은 주방장이 날카로운 칼을 들고 웃으며 참치 회를 권하는

모습이 섬뜩해 보였다. '너무 심한 거 아니야? 징그럽게. 이렇게 먹고 싶나?' 하는 생각이 머릿속을 빠르게 스쳤다. 하지만 좀 전에 내가 먹은 참치도 비슷한 과정을 거쳐 나에게까지 도착했을 거다. 그물에 걸려 잡히자마자 얼려져서는 한국으로 이동되어 거대한 찜솥에서 쪄지고 가시와 분리된 살점만 도착한 셈이다. 그러니까 나도 참치 머리맡에서 군침을 삼키는 이들과 전혀 다르지 않다. 다만 나는 살아 있는 녀석들을 보지 못했고 어떻게 만들어졌는지 알지 못

해서 덜 미안하게, 아니 전혀 미안한 마음 없이 먹을 수 있었던 것이다. 나의 무식함과 무심함이 참치 캔을 맛있게 먹을 수 있던 비결이었다.

인간의 삶을 편안하고 기름지게 하는 것이 어디 참치뿐일까. 닭, 돼지, 소 등 구워 먹고 삶아 먹는 것뿐 아니라 쥐, 토끼, 원숭이처럼 실험실에서 죽어 가는 동물들까지 참 다양하다. 다만 우리는 그것들이 '죽어 가는' 모습을 보지 않아 먹고, 바르고, 즐길 수 있다.

사실 그렇다고 참치를 그만 먹자, 채식을 하자고 주장할 생각은 없다. (적당히 먹자고 주장할 생각이다.) 다만 이 일을 통해 나는 진실이라는 건 알려고 노력하지 않으면 평생 모르고 살 수도 있다는 걸 깨달았다. 작은 참치 캔에 담긴 바다의 슬픈 사연을 모르는 채 손쉽게 캔을 따고 먹는 사람이 될 수도 있다. 먹는 문제에도 이렇게 숨겨진 사연이 많은데 우리가 사는 세상에는 또 얼마나 많은 문제들이 있을까? 집어 장치처럼 숨 가쁘게 우리들을 조여 오는 일들은 없을까? 혹은 불포화 지방산, DHA를 운운하며 건강에 좋은 것이라는 점만 강조하고 바다의 일은 외면하는 참치 광고들처럼 한 면만 강조하고 진실을 외면하는 일들은 없을까? 거짓으로 꾸며지는 게 얼마나 많을까 생각하는 하루였다.

#진실외면 #맛난참치캔의슬픈사연 #멸종위기참치 ♥32

   ㄴ 참치잡이 방법에 많은 문제가 있었던 거군요. 아, 나도 참치 좋아하는데….
ㅠㅠ

      ㄴ 네, 저도 안 먹을 수는 없고, 고민만…. ㅠㅠ

   ㄴ 보지 않아서 모른 척하고 마음 편할 수 있는 거군요.

      ㄴ 네, 알면 조금은 줄일 수 있을지도….

샘도 참치 캔에 이렇게 슬프고도 위태로운 사연이 숨겨져 있을 줄은 몰랐어. 그런데 사실 어떻게 해야 할지는 잘 모르겠어. 샘도 '오늘부터 참치 끊을래!' 하고 이야기할 자신은 없거든. 진실은 아는 것만큼이나 알고 난 뒤에 어떻게 변화하는지도 매우 중요한 일일 텐데 말이야.

아마 첫 번째로 우리가 할 수 있는 일은 이런 사실을 많은 사람들에게 알리는 거겠지? 2010년에 어떤 학생이 참치를 보호하자는 글을 환경부 홈페이지에 게시하기도 했더라. 이런 움직임을 통해 여러 사람에게 진실을 알릴 수 있지. 두 번째는 그린피스 같은 환경 단체들을 후원하는 방법도 있어. 그래, 너희는 아직 돈을 벌지 않으니까 이 방법은 어른이 돼서 꼭 실천할 수 있길 바라. 또 어떤 방법이 있을까? 열 번 먹을 것을 다섯 번으로 줄이거나 아예 채식을 할 수도 있어. 대기업이나 사회, 국가를 변화시키기 위해서는 많은 노력이 필요하고 끊임없이 문제를 제기하는 끈기도 있어야 해. 참 어려운 일이야.

풍미가 이야기한 대로 세상에는 참치 캔처럼 진실이 외면되거나 포장되는 경우가 많아. 사람들은 불편한 진실보다 편리한 거짓을 원하기도 해. 당장 참치 캔의 진실을 몰랐다면 맘 편히 먹었을 텐데 앞으로는 왠지 한 번은 머뭇거릴 것 같잖아. 하지만 이런 불편한 마음도 자꾸 반복되면 '에잇, 어쩔 수 없는 거지, 뭐!' 하면서 합리화해 버리기 쉬워. 미국의 저널리스트 수전 손택이 전쟁의 참상을 다룬 사진들에 대해 "고통스러운 이미지들은 최초의 자극만을 제공한다."라고 한 것도 이런 의미일 거야. 우리가 어떤 문제에 대해 진실을 아는 것 역시 고통스러운 최초의 자극일 수 있어. 하지만 타인의 고통이 자신의 삶과도 연결되어 있을지 모른다는 숙고를 하지 않으면 안 돼. 풍미처럼 '내가 참치를 값싸고 맛있게 먹고 싶어 하기 때문에 대량으로 잡으려는 거구나.'라는 생각을 하고, 그에 따른 행동을 실천해야 해. 나아가 나와는 관련 없어 '보이는' 문제들에도 지금 나의 삶이 그 문제에 어떤 영향을 끼치는지를 고민해야 해.

예를 하나 들면서 끝낼게. 너희 교실은 맨 꼭대기 층인 5층에 있어. 엘리베이터를 타고 싶지? 하지만 이런 편리함을 원하기 때문에 화력 발전소가 계속 가동되고 미세 먼지가 생기고 불안한 원자력 발전소도 없애지 못하는 거야. 어때? 진실을 안다는 건 불편을 감수할 용기가 필요하다는 말, 이해되니?

└ 시리얼과 우유,
└ 자봉으로 생각하기

└

└

└

      한 달에 한 번, 나는 중증 지체 장애가 있는 아이들이 생활하는 곳으로 봉사 활동을 간다. 아이들에게 밥도 먹이고 산책을 시키는 게 주된 일이다. 진우를 따라 봉사 활동 시간도 채울 겸 별 생각 없이 신청했는데 이렇게 힘이 들 줄은 몰랐다. 아이들이라면 그저 귀여울 것이라는 생각은 금방 깨졌다. 뇌병변이라는 말도 봉사 활동을 시작하면서 처음 알게 되었다. 이름만 들어서 알고 있던 뇌성 마비나 뇌 손상으로 인해 장애가 생긴 경우들을 모두 아우르는 말이라고 했다.

      뇌에 이상이 생긴 아이들은 밥 한 숟가락도 제대로 씹거나 삼키지 못했다. 한 숟가락의 밥 중에 삼킬 수 있는 것은 얼마 되지 않는다. 절반 이상은 턱밑으로 흐르거나 토하기 일쑤다. 나는 처음으로 낯선 세상과 만났다. 그래서 사실 처음에는 힘들었다. 어떻게 해야 할지 몰라서 힘들었다기보다 마음이 많이 힘들었다. 흐르는 음식물은 미리 교육 받은 대로 닦아 주면 되고 다시 먹이면 된다. 하지만 마음은 그렇지 않았다. 내 몸을 마음대로 움직일 수 있다는 게 감사했지만 왠지 이런 생각을 하는 것이 미안하고 죄책감도 들었다. '나만 괜찮아도 되는 걸까?' 하는 생각이 들었기 때문이다.

봉사를 시작하기 전엔 불편한 몸을 가진 사람들이 이렇게 많은 줄 몰랐다. 장애라는 말은 주차장의 비어 있는 주차 공간이나 도서관의 경사로 같은 곳에서나 확인할 수 있는 말이었다. 봉사 활동을 통해 알고 보니 장애를 지닌 사람들 중 많은 사람이 가족에게 버려지거나 맡겨져 사회 복지 시설에서 생활하고 있었다. 그들은 정상이라고 불리는 사람들과 멀찍이 떨어져 있는 공간에서 그들을 돌보는 소수의 정상인들과 살고 있던 셈이다. 오늘도 A는 내가 먹여 주는 밥의 반도 먹지 못했다. 죽에 가까운 진밥을, 씹지도 않고 삼킬 수 있을 것만 같은 그런 밥을 먹지 못하는 A를 보며 마음이 또 힘들었다. 집으로 돌아오는 길에 봉사 활동을 담당하는 사회 샘께 이런 내 마음을 이야기했다.

"풍미야, 봉사 활동 다니는 거 힘들지 않아?"

"네……. 몸은 뭐 그럭저럭 할 만한데요, 마음이 좀 힘들어요."

"마음? 왜? 어떻게?"

"제가 뭐 잘난 게 있다고 돕나 싶기도 하고, 저만 이렇게 편히 살아도 되나 싶기도 하고, 아무리 힘들어도 이런 시설에 가족을 버린 사람들이 이해가 안 되기도 하고, 만약 제가 장애를 가지고 태어났다면 우리 부모님은 어땠을까 싶기도 하고, 엄청 많은 생각이 드는데 정리는 하나도 안 돼요."

"음…… 그렇구나. 그럴 수 있지."

"샘은 안 힘드세요?"

"샘도 힘들어. 너랑 같은 이유로. 그렇다고 외면하는 것보다는 이렇게나마 도움을 주는 것이 낫지 않을까 싶기도 해."

나와 같은 이유로 힘들었다는 사회 샘의 이야기는 인상적이었다. 외면하는 것보다는 이렇게나마 도움을 주는…… 어쩌면 그 말이 듣고 싶었던 건지도 모른다. 집에 도착하니 어느새 2시가 넘었다. 토요일 오전에 출발해서 겨우 빵 하나를 먹으며 버텼다. 하지만 입맛은 별로 없다. 나는 시리얼에 우유를 부었다. 까끌까끌하던 시리얼이 우유와 만나 바삭바삭하고 부드러워진다. 우유의 고소함에 시리얼의 달콤함이 녹아든다. 우유는 시리얼을 변화시켰고 시리얼은 우유를 변화시켰다.

시리얼, 콘플레이크를 처음 만든 사람은 이름도 익숙한 켈로그 박사다. '콘플레이크'라고 쓰고 구글링을 해 보니 관련된 정보가 넘쳐 난다. 그가 신봉했다는 종교적인 내용들은 빼고 정리하면 다음과 같다. 그는 미시간주 배틀크리크 요양원에서 식이 조절을 담당하던 박사였다. 처음 그가 만든 것은 통밀로 된 시리얼이었는데, 이

는 거의 실수에 가까운 발명이었다. 밀반죽을 하다 잠시 자리를 비운 켈로그는 말라 버린 반죽이 아까워서 버리지 못하고 오븐에 구웠는데 그것이 바로 지금의 콘플레이크 시초였다. 의외로 요양원에서 '말라빠진 통밀 시리얼'은 인기 메뉴가 되었고, 후에 밀이 아닌 옥수수로 만들어 판매까지 하게 된 것은 동생 켈로그였다고 한다. 이미 백 년도 넘은 콘플레이크의 역사를 읽으며 나는 시리얼 한 그릇이 우리에게 오기까지 참 많은 시간과 사연이 있었음을 새삼 알게 되었다.

어느새 시리얼 한 공기를 먹어 치웠다. 밥 한 공기도 제대로 먹지 못하던 A가 떠올라 마음이 또 불편했다. 하지만 불편하다는 마음뿐 내가 매일 A를 보살필 수도 없고, A와 같은 어려움을 가진 이가 A뿐만이 아니라는 점에서도 답답하긴 마찬가지였다. 사실 생각해 보면 장애뿐 아니라 기아, 전쟁, 환경 등 저마다 조금씩 다르지만 해결하기 어려운 문제투성이다.

시리얼을 먹고 남겨진 달콤한 우유를 그릇째 들고 마시며 서로에게 영향을 준다는 것에 대한 생각을 해 보았다. 혼자서는 절대 단맛을 낼 수 없는 우유, 딱딱해서 그냥 먹기에는 부담스러운 시리얼이 조금씩 서로에게 영향을 주며 먹기 좋은 상태로 변한다. 좋은 영향을 준다는 건 사실 내 것을 남에게 내어 주는 것이기도 하다. 시리얼의 경우에는 단맛을, 우유의 경우에는 수분을 내주는 것이다. 지금 나는 무엇을 다른 사람에게 줄 수 있을까? 나는 좋은 영향을 주며 살아갈 수 있을까? 아니, 좋은 거라는 게 뭘까? 대답하기 어려운 문제들만 가득 떠오른다.

#시리얼과우유 #자봉으로심란 #켈로그박사 ♥18

ㄴ 자봉이 이미 다른 사람들에게 좋은 영향을 주고 있는 거 아닐까요?

   ㄴ 쿨럭, 그럴 정도는 아니지만 그랬으면 좋겠어요.

ㄴ 콘플레이크의 역사를 알게 되었어요! 아침에 그냥 편히 먹기만 했는데 저도 좋은 영향을 주는 사람이 되고 싶네요.

   ㄴ 네. 우리가 조금씩 사람들에게 좋은 영향을 주면 살기 좋은 세상이 되겠죠?

'좋은' 사람은 어떤 사람이지? 어떻게 해야 좋은 사람을 만날 수 있지? 좋은 사람을 만나면 나에겐 어떤 점이 좋지? 풍미가 궁금해 하는 것처럼 좋다는 건 도대체 뭐지? 샘 생각에 '좋다'는 굉장히 자기중심적이고 주관적인 느낌이야. 그 좋음이라는 게 상대가 아니라 자신에게 이익이 될 때 '좋다'라고 느낄 때가 많거든. 예를 들자면 이런 경우가 있겠지. 풍미가 동생과 있어. 풍미는 지금 너무 지쳐 있지. 이럴 때 풍성이가 알아서 밥을 차려 주거나 청소를 해. '아, 내 동생 좋은걸.' 할 수 있지. 물론 풍성이 입장에서는 귀찮고 힘들 수 있는 일이지만 풍미 입장에서는 '좋은' 거야. 너희도 평소에 진짜 좋은 친구라고 여기는 친구를 생각해 봐. 그리고 그 친구에게 받은 걸 세어 봐. 없다고? 그럴 리가? 그 친구의 시간, 조언, 배려와 양보가 있었을 거야. 아, 그럼 어쩐지 내가 너무 나쁜 사람이 된 거 같다고? 아니야. 반대로 네가 그 친구에게 준 것도 있을 거야. 친구란 평등한 관계니까. 너도 모르게 준 게 있는 거야. 정리하자면 '좋다'는 것은 서로 무엇인가를 주고받는 경우야. 한쪽만 주는 건 희생, 받기만 하는 건 이기심.

오늘 풍미의 가장 큰 고민은 '나만 주는 거 같은' 느낌 아닐까?

그런데 말이야, 풍미가 만났다는 그 아이들은 아무것도 풍미에게 주지 않은 걸까? A가 아니었다면 풍미는 아마 이런 고민들을 전혀 하지 못하고 살지 않았을까? 풍미는 지금 아무에게도 영향을 미치지 못한 걸까? 어쩌면 지금 이 글을 읽은 누군가가 봉사를 하게 될 수도 있지 않을까? 지금 당장은 아무 영향도 끼치지 못한 것 같지만 사실은 그렇지 않을 수도 있는 거지. 경제학자 최종규의 『이타적 인간의 출현』이라는 책이 다루고 있는 '이타성'에 대한 이야기로 글을 마무리하려고 해. 유전자들은 나만 살기 위해 이기적인 선택을 할 수도 있어. 하지만 살아가는 데는 혼자서는 절대 해결할 수 없는 문제들이 널려 있어. 그 덕분에 이타적 관계를 맺게 돼. 물론 이때의 이타성은 지금 당장의 이익과는 무관한 이타성이야. 우리가 사는 세상에서 'give and take'가 철저하게 지켜진다면 살아가기가 얼마나 힘들겠니? 누군가를 돕는다는 건 이전에 내가 받았던 도움을 갚는 일이면서 내가 앞으로 받을지도 모를 도움을 미리 베푸는 거야. 그러니까 지금 나는 주는 게 아니라 갚는 거고, 미리 내는 셈이니까 잘난 체할 일도 아니라는 거, 잘 알겠지?

김치,
난 너랑 다르거든!

    교복은 학생이라는 신분을 보여 주는 가장 확실한 징표다. 하지만 교복을 갖춰 입는 순간 우리는 모두 비슷한 모습이 된다. 전교생이 모두 같은 복장으로 같은 공간을 누비는 모습은 생각만으로도 답답한데 샘들은 잘 모르는 거 같다. 그래야만 한다는, 혹은 그래 왔기 때문에, 복장 규정에 따라 별다른 저항 없이(할 수 없이) 교복을 입기는 한다. 하지만 현실적으로 규정이 모두 지켜지는 것은 아니다. 우리 학교 여학생들의 치마 모양이 모두 제각각인 것처럼, 남학생들의 셔츠가 모두 제각각인 것처럼 말이다. 우리는 교복이라는 큰 틀 안에서 저마다 조금은 다른 자신을 드러내기 위해 안간힘을 쓴다. 그중에 머리 모양은 개성을 드러낼 수 있는 최고 좋은 수단이기에 염색이나 펌은 부러움의 대상이다. 물론 학교에 따라 조금씩 다르겠지만 염색이나 펌은 선생님들의 따가운 시선에 잔소리 혹은 다시 원래대로 되돌리는 데 드는 비용까지를 감수해야 한다.

　새 학기가 시작됐다. 방학 동안 머리에 돈을 들인 아이들을 향한 담임 샘의 지적이 끊일 줄 몰랐다. 일주일간의 시간을 줄 테니 원래의 검은 생머리로 되돌려 놓으라는 게 주 내용이었다. 울 담임 샘뿐만이 아니다. 머리가 노랗고 곱슬곱슬한 아이들이 교무실에서 기분 나쁜 표정으로 줄줄이 나왔다. 은미도 입을 삐죽거리며 나왔다. 방학 동안 은미의 머리는 찰랑거리는 굵은 웨이브로 변해 있었다. 나는 얼른 은미를 불렀다.

　"은미야! 너도 머리 때문에 혼났어?"

　"응! 머리하는 데 돈도 많이 들었는데 걸렸네. 묶고 다니면 모르실 줄 알았더니."

　"속상하겠다. 어떻게 하나?"

　"어떻게 하긴 뭘 어떻게 해. 다시 풀어야지. 엄마한테도 엄청 잔소리 듣겠다."

　좀처럼 시무룩하지 않는 은미인데 입을 삐죽거리고 복도 바닥만 내려다본다. 무슨 말을 해야 하나 고민하고 있는데, 불쑥 은미가 물었다.

　"풍미야! 학교에선 왜 머리도 맘대로 못 하게 하는 걸까?"

　"어, 글쎄. 그게 규정이라잖아. 염색이나 펌은 금지."

"으이구, 그럴 줄 알았어! 반듯한 우리 풍미!"

"우리?"

"그래! 우리 풍미! 종 친다. 가라. 그래도 나 펌하니까 좀 달라 보이지 않아?"

그러고는 은미는 교실로 뛰어갔다. 은미의 머릿결이 흔들리며 복도 끝으로 사라졌고 나는 좀 달라 보이고 싶었을 뿐이라는 은미의 말이 자꾸만 생각났다.

저녁을 먹으려고 보니 식탁 위에는 온통 김치뿐이다. 열무, 배추, 파김치까지. '아, 오늘 반찬은 온통 김치뿐이네.'라고 엄마에게 말하려다 보니 매년 김장을 담그던 과정이 생각났다. 할머니는 김장을 할 때 양념을 엄청나게 많이 만들어 배추와 무를 버무린다. 어떤 종류의 김치이든 기본이 되는 양념은 모두 같다. 하지만 결과는 매우 다르다. 고춧가루, 무, 마늘, 파 등등 비슷한 재료들을 넣어 만들지만 집집마다 김치 맛은 서로 다르다. 더구나 김치를 먹는 방법은 셀 수 없을 만큼 다양하다. 그러니까 '김치'라는 말은 마치 '교복'과 같고 그 교복을 입은 수많은 아이들은 배추, 무, 파처럼 달라지는 소의 재료들과 비슷한 게 아닌가 하는 생각이 들었다. 누가 입느냐, 어떻게 입느냐에 따라 같은 교복, 다른 느낌은 얼마든지 가능하니까 말이다. 나는 은미의 말처럼 평범한 핏의 평범한 남학생이라 그렇게 남과 다른 느낌은 아니다. 그러니까 어디서나 먹을 수 있는 비슷하고 무난한 맛의 김치라고 할 수 있다. 갑자기 교복에서 구리구리한 냄새가 나는 듯했지만 어찌하랴! 안 먹고 살 수 없는 김치처럼, 안 입고 살 수 없는 대한민국 고딩의 필수템인 것을.

　나는 배추김치 한 뭉텅이를 집어 그릇에 담았다. 엄마는 뭐 하나는 눈치로 나를 봤고 나는 내가 알아서 해 먹을 테니 신경 끄시라는 눈빛을 보냈다. 나는 김치를 잘게 잘라 프라이팬에 부었다. 풍성이가 어느새 달려와 자기 것도 볶아 달랜다. 내친김에 파도 함께 넣고 볶았다. 여기서부터가 중요한데 김치를 한쪽으로 몰고, 프라이팬의 한쪽에 간장을 부어 태우듯 끓인다. 그러고 나서 밥을 넣고 비비면 맛있는 김치볶음밥이 완성된다. 나는 좀 전 식탁 위에 있던 김치와는 전혀 다른 김치를 먹으며 먹는 방법에 따라 전혀 다른 느낌이 나는 신비한 음식이라고 생각했다.

세상에 같은 모양의 물건들은 엄청나게 많다. 하지만 그것들은 누가, 어떻게 쓰느냐에 따라 서로 다른 모습을 가질 수 있다. 같은 김치가 집집마다 다른 것처럼, 같은 교복이 누가 입느냐에 따라 다른 것처럼. 아무리 노력해도 모든 사람이 똑같을 수는 없다. 나만 특별해 보이고 싶은 마음, 나는 너와 달라 보이고 싶은 마음에서 똑같은 것에 변화를 주기 때문이다. 오늘 '우리 반듯한 풍미!'라는 은미의 말에 사실은 살짝 기분이 나빴다. 나도 아침마다 머리를 만지느라 많은 시간을 쓴다. 보이지 않겠지만 교복도 살짝 줄였고 나름대로는 '이만하면 뭐!'라는 생각도 안 했던 건 아니다. 도대체 어디가 반듯해 보인다는 건지! 내일 머리는 어찌해야 할지 벌써부터 고민이다.

#교복을입어도우리는다르다 #김치의무한변신 #안반듯한풍미 ♥22

┗ 풍미 님, 글만 읽어도 반듯하신 듯.

　┗ 헐!!! 어디가, 어디가요?

┗ 내일부터 교복에서 김치 냄새 날 듯요. 그럼 같은 교복 다른 핏은 배추와 무의 차이?

　┗ ㅋㅋㅋㅋㅋ 그럴 수도 있겠네요.

┗ '우리 풍미'가 중요한 거 아닌가? ㅋㅋ

　┗ 어떻게 중요한 거죠?

국어 시간에 배운 개성적 인물 기억하니? 개성적인 인물은 어느 시대나 특정 집단에 속하지 않고 자기만의 독특한 개성을 지닌 인물이야. 그런데 이 개성적인 인물은 대체로 문제적인 인간이기도 해. 그 시대나 집단에 속하지 '않는', 그러니까 시대나 집단의 요구를 거스르는 인물이기 때문이야.

이 사회는 문제적 인물의 등장을 반기지 않아. 왜냐고? 지금까지 옳다고 믿은 것들을 바꾸거나 의심해야 하는 일이기 때문이야. 학교의 복장 규정도 마찬가지야. 지금은 예전보다 많이 나아졌지만 여전히 학교에는 다양한 규정들이 존재하지. 어른들이 생각하는 학생다움, 혹은 너희 스스로도 생각하는 학생다움이 있기 때문이야. 이 학생다운 모습이 싫다며 염색도 하고 치마나 바지도 줄여 입는 행위는 개성의 표현이지만 동시에 문제적 인물로 찍히는 일이야.

하지만 걱정 마. 세상은 바로 이런 문제적 인물로부터 바뀌기 시작했으니까. 만약 모두가 학교의 복장 규정을 의심하지 않았다면, 모두가 정해진 머리카락 길이에 만족했다면 학생 인권 조례는 생겨나지도 않았을 거야. 그러니까 문제적 인물의 등장은 세상을 변화시키는 첫 단추가 될 수도 있다는 뜻이야.

이 시대의 개성적 인물, 문제적 인물은 과연 어떤 사람들일까? 대표적으로는 철학자나 예술가들이야. 이들은 늘 시대의 불편한 진실에 의문을 제기하고 태클을 걸거든. 어떤 사람들은 그 의문과 태클에 걸려 넘어져서 진실을 알게 되고 또 어떤 사람들은 외면과 현실 부정으로 피해 가기도 해.

알베르 카뮈의 소설 『이방인』에는 태양이 눈부셔서 사람을 죽인 남자, 뫼르소가 등장해. 사람들은 뫼르소가 알지도 못하는 이들을 죽인 것보다 어머니의 죽음 앞에 눈물을 흘리지 않은 것을, 어머니의 장례 이후에 여자 친구와 영화를 보고 사랑을 나눈 것을 더 문제 삼아. 사람들은 자신들이 믿고 있는 '도리'에 어긋난 뫼르소의 행동을 이해할 수도 용납해 줄 마음도 없었기 때문이야. 진심으로 슬퍼하는 것과는 별개로, 또 평소 그의 삶과는 별개로 뫼르소의 행위는 사회를 위협한 거야. 본인이 의도했든 의도하지 않았든 통념을 벗어난 문제적 행동은 그 사회에 질문을 던지고 때론 기존의 질서를 위협하지. 거기에서 변화가 시작되는 거야. 그러니까 앞으로도 계속 의심하고 회의하고 설치길 바라!

└ 달걀 프라이,
└ 알을 깨는 순간은
└ 누구에게나 있어
└
└

　　남중을 나와 공학을 다니게 된 나에게 여자애들은 어려운 대상이다. 솔직하게 말하자면 한없이 짧아지는 여자애들의 치마, 꽉 맞는 블라우스에 나도 모르게 가는 시선을 주체할 수 없을 때도 있다. 하지만 이런 이야기를 누구에게도 할 수는 없다. 말을 꺼내는 즉시, 나는 변태가 되고 말 거니까.(사실 지금도 두렵다!) 대놓고 말하지 못하는 우리들의 성性은 호기심이라는 말로 두루뭉술하게 설명된다. 하지만 나는 오늘 이것에 대해 이야기해 보고 싶다. 모태 솔로는 아니지만 지금 여친이 있는 것도 아니고 여친이 있다 하여 성에 대해 대단한 썰을 풀어놓을 수 있는 처지도 아니다. 나의 성 지식 대부분은 친구들의 입소문을 타고 알게 된 야동에서 시작됐다. 물론 이론적인 부분은 학교에서도 배웠다. 남녀 생식 기관의 특

징, 임신이 되는 과정 등등. 하지만 미혼인 가정 샘은 휘리릭 이 부분을 넘어가려고 했고 짓궂은 아이들은 '난자와 정자는 어떻게 만나요?' 같은 질문을 해 댔다. 궁금한, 사실은 알고 있는, 그렇다고 경험은 쉽지 않은 이 일이 우리는 늘 궁금하다.

　사실 오늘 풍성이의 스마트폰을 만지다 이 녀석이 폰에 담아 둔 영상을 보게 됐다. 나도 중2 때 이 영상을 본 적이 있다. 벌거벗은 남녀의 모습과 행동은 나를 자극했었다. 그렇다고 지금은 아니라고 말할 수 없다. 경험해 보지 않은 일이니 앞으로도 나는 계속 궁금해할 거다. 다만 엄마의 주입식 페미니즘 교육 덕분에 여성의 성을 내 본능의 요소로만 볼 수 없음을 알고 있을 뿐이다. 엄마는 여자애들이 겪는 '생리'라는 현상의 불편함과 그것의 의미를 이야기하기도 했고, 텔레비전 속 걸그룹을 넋 놓고 보는 나와 풍성이 머리를 툭툭 치며 사정없이 채널을 돌리기도 했다. '왜 저렇게 비정상적인 몸을 좋아하는 거야?', '너 밥 먹지 말고 저렇게 몸 만들라고 하면 좋겠어?'로 타박한다. 일부는 인정하지만 엄마의 말을 완전히 이해할 수는 없는 나는 이렇게 반격을 한다. '엄마도 잘생긴 남자 배우 좋아하잖아! 공유, 송중기, 유아인! 엄마도 넋 놓고 보더구먼.' 이럴 때 엄마는 '응, 좋아해! 하지만 그 배우들이 늘 몸에 꼭 붙는 옷을 입고 나오거나 벗고 있진 않아. 그 배우들을 향해 남배우라고 하지도 않고 다이어트 비법이라든지 외모 유지의 비결을 묻지도 않아.'라는 알쏭달쏭한 말을 하곤 한다. 그게 뭐 어쨌다는 건지

나는 잘 모르겠지만 듣고 보면 맞는 말이라서 결국엔 텔레비전을 끄는 것으로 합의(?)의 단계에 이른다.

사실 야동은 유튜브, 웹툰 등 언제 어디서나 쉽게 만날 수 있다. 이를 뻔히 알면서도 어른들은 숨기지 못해 안달이다. 내가 지금 이렇게 버젓이 살아 있는 것 역시 엄마, 아빠의 관계 때문 아닌가? 그런데 이걸 왜 부끄러워해야 하는 건지 잘 모르겠다. 우리가 부끄러워하는 이유는 할 수 없는 일을 하고 싶어 하기 때문이 아닌가 하는 생각이 머릿속을 스쳤다. 상상 속에서 영상의 장면을 따라 하고 있는 자기 자신이 부끄러운 것일지도.

중2 때 나도 야동을 보다 아빠에게 들킨 적이 있다. 아빠는 방으로 들어와 나와 함께 그것을 끝까지 봤다. 사실 나는 그날 엄청 혼날 각오를 하고 있었는데 아빠는 '진짜로는 저렇게 안 해. 이렇게 오래 하지도 않아.' 하곤 나갔다. 그날, 나는 왠지 당한 것 같다는 생각을 지울 수가 없었다. 다만 사실과 다르다는 영상에게 당한 건지 실제로는 그렇지 않다는 아빠의 말에 당한 건지 구분하기는 힘들었다. 누구에게 당한 것이든 다리가 풀리는 경험 때문에 약간의 흥미를 잃게 된 것도 사실이다. 야동은 럭키 박스와 같다는 게 요즘 내 깨달음이다. 엄청 궁금하고 기대되지만 대부분의 럭키 박스는 실망과 허탈함을 준다. 야동도 그렇다.

저녁은 알아서 먹어야 하는 요일이기에 나는 달걀 프라이를 해 먹을 생각으로 냉장고에서 달걀 두 개를 꺼냈다. 나는 반숙파, 풍성이는 완숙파라 각자 알아서 먹자고 했다. 어릴 때 나는 엄마가 달걀을 톡 하고 깨서 프라이팬에 놓는 모습을 따라 해 보고 싶었다. 엄마가 달걀을 꺼낼 때마다 옆에 서서 내가 한다고 조르기도 했었고 실제로 달걀을 깨거나 휘젓기도 했었다. 그런데 오늘따라 이 녀석이 특별해 보였다. 매끄럽고 단단한 껍데기 안에는 끈적거리면서도 출렁이는 흰자와 동그랗고 탱글탱글한 노른자가 들어 있다. 겉과 속이 많이 다른 대표 재료다. 이것은 생으로도 먹을 수 있고(나는 아직 이 경지는 아니다.), 살짝 익히거나 완전히 익혀서 먹을 수도 있다. 달걀찜, 달걀말이, 오믈렛 등으로 무한 변신도 가능하다. 껍데기를 깬 뒤에는 흰자와 노른자를 따로 분리할 수도, 완전히 섞을 수도 있지만 껍질 속에 있을 때 이들은 서로를 팽팽하게 붙들고 있어 섞이지 않는다. 더구나 이것은 껍데기를 깨야만 먹을 수 있다. 아무리 생으로 먹는다고 해도 껍데기까지 통째로 베어 먹을 수 있는 음식은 아니다. 무엇으로든 구멍을 내야 속의 것을 먹을 수 있다. 그러니까 이것은 껍데기를 깨야 속을 알 수 있는 재료라는 뜻이다.

껍데기, 껍데기……. 껍데기를 혼자 중얼거려 본다. 어미에게서 떨어져 나와 차갑게 생명을 잃은 알은 사람이 껍데기를 깨 주어야 한다. 스스로 깨든, 누가 깨 주든 안의 것을 만나기 위해서는 세상과의 만남을 가로막고 있는 껍데기를 깨야 한다. 그것이 달걀의 운명인 셈이다. 이런 생각을 해낸 나 자신에게 감격하다가 번뜩 지금 방에 있는 풍성이나 과거의 나 역시도(지금도 여전히 진행 중인 듯하지

만) 알을 깨고 나와야 하는 존재가 아닌가 하는 생각이 들었다. 껍데기 속의 작은 세상에 자리를 잡고 들어앉아 겨우 벽이나 보면서 세상 모두를 아는 척하고 있는 건 아니었나 하는 생각이 들었다. 본능, 호기심이라는 말이 틀린 건 아니지만 내가 본 야동으로 세상의 남녀 관계를 정의할 수는 없다. 내가 본(봤던) 야동에서 남자는 있으되 없는 것과 마찬가지고 거의 여자로 가득 차 있다. 어쩌면 영상과 실제가 다르다는 아빠의 말은 여자의 몸짓과 소리만으로 관계가 이루어지는 건 아니라는 뜻일지도 모르겠다. 성교육 시간에 배운 것처럼 남녀가 서로를 존중해야 한다는 말의 의미도 조금은 알 듯했다.

프라이팬에 적당히 기름을 두른 뒤 팬을 살짝 달군다. 그리고 달걀을 '톡!' 하고 깬다. 이 순간은 왠지 기분이 좋다. 드디어 달걀 속을 두 눈으로 확인할 수 있는 순간이기 때문이다. 만약 내가 달걀이라면(누군가의 입으로 들어가는 건 빼고^^;) 드디어 주먹만 한 세상에서 빠져나와 넓은 세상을 보게 된 순간이기도 하고, 내가 알고 있던(안다고 믿었던) 세상이 얼마나 잘못된 것인지를 확인하는 순간이 되기도 할 것 같다. 이제 흰자가 익을 때까지 기다린다. 투명했던 물이 흰색으로 변하고 더 이상 흩어지지 않을 때 뒤집개로 살짝 아래를 들어 본다. 뒤집개를 쑥 밀어서 달걀을 들 수 있게 되면 노른자가 터지지 않게 잘 뒤집고 살짝 더 익힌다. 그리고 짜잔, 접시에 담으면 바로 내가 좋아하는 고소한 반숙 달걀 프라이 완성이다.

"야! 김풍성! 나와서 밥 먹어! 너 빨리 안 나오면 나 들어간다."

역시, 풍성이는 빛의 속도로 나왔다. 이어폰을 끼고 있어도 신경은 온통 밖으로 뻗어 있다는 것을 나 역시 경험으로 안다. 밥을 먹으며 풍성이에게 아빠가 나에게 했던 그 말을 해 줘야 하나 말아야 하나 고민했지만 끝내 하진 않았다. 그 말은 내가 아니라 아빠가 해 줘야 하는 말이다. 아빠에게 풍성이 방 급습을 부탁드려 봐야겠다. ㅋㅋㅋㅋㅋ

#풍성아너도당해봐라 #알을깨야세상이달리보인다 #달걀은반숙이최고

♥34

∟ 으악, 아빠와 함께 야동이라뇨!!! ㅋㅋㅋ

　　∟ 지금도 생각하며 숨멎.

∟ 남배우라는 말, 정말 어색하네요. 처음 생각해 봤어요.

　　∟ 그러게 말이에요. 남배우, 남씨 배우 같죠?ㅋㅋ

∟ 알을 깬다…. 저는 지금 알을 깨고 있는 중일까요?

　　∟ 저마다 알을 깨고 나오지 않을까 해요. 속도는 조금씩 다르겠지만요.

"새는 힘겹게 투쟁하여 알에서 나온다. 알은 세계다. 태어나려는 자는 한 세계를 깨뜨려야 한다."라는 『데미안』의 유명한 구절이 비로소 이해된 건 어른이 되고도 한참 지나서였어. '다마고치'라는 장난감을 보고 불현듯 한 세계를 깨뜨려야 한다는 말을 이해하게 됐지. 달걀 모양의 작은 게임기 속에 사는 다마고치가 알에서 부화되기 전부터 후까지 애완동물을 기르듯 보살펴야 하는 게임 말이야. 웬 다마고치냐고? 다마고치는 다마고(알)를 깨고 나오기 전과 깨고 나온 후가 전혀 다르거든.

헤르만 헤세의 어려운 이야기가 아니더라도 우리는 알 속의 세계와 알 밖의 세계가 엄연히 다르다는 걸 익히 알고 있어. 다만 다마고치와 인간의 차이는 스스로 나오려고 얼마나 애를 쓰는가야. 다마고치의 알은 주인의 의지가 중요하지만 인간은 바로 나, 스스로의 의지가 가장 중요해. 이전과 다른 세계를 볼 준비가 되어 있는가, 아니, 그럴 의지가 있는가는 자기 자신에게 달린 거지. 만약 지금 내 세상에 안주하고 만족한다면 알 밖의 세상은 영영 볼 수 없게 돼.

알을 깨고 나오는 일은 쉽지 않아. 지금까지 전부였던 세상을 부숴야만 알 밖으로 나올 수 있으니까. 아기가 태어날 때 태아는 엄마가 애쓰는 힘보다 10배나 더 큰 힘을 써서 세상 밖으로 나오지. 또한 태아와 엄마와의 만남, 출산의 과정은 너희들이 텔레비전에서 보던 것과는 많이 달라. 넓은 병실도 없고 부부의 오붓한 시간도 없어. 진통은 표현할 수 없을 만큼 고통스럽지. 아무리 고귀한 생명이 탄생하는 순간이라지만 상상과 현실이 부딪치는 순간은 언제나 혼란스러워. 아마 풍미의 아빠가 풍미와 야동을 보고 난 뒤 하신 말씀도 이와 비슷한 맥락일 거야. "현실은 그렇지 않아."라는 말씀 말이야.

혹시 지금까지 살면서 혼란스러운 적 있었니? 아니라고 부정하고 싶은 순간은? 왜 나보고만 잘못했다고 하는지 이해할 수 없었던 적은? 바로 그런 경험들이 네가 알을 깨기 위해 투쟁한다는 증거야. 진짜라고 믿는 것들이 사실은 가짜일 수도 있다는 걸 깨닫는 순간 혹은 그 반대의 경우가 모두 알을 깨는 투쟁의 과정이라면 믿을 수 있겠니? 인식과 앎의 틀이 흔들리기 시작하는 바로 그런 순간이 투쟁의 시작이지. 물론 그 흔들림이 아무에게나 오는 건 아니야. 혼란을 견디며 계속 알을 깨고 나가려는 사람들에게만 찾아오는 행운이란다. 어디선가 '톡, 톡, 톡!' 하고 알을 깨는 소리가 들리는 거 같지 않니?

외식# 및
배달음식 편

ㄴ 외식?

　ㄴ 배달?

　　ㄴ 당신의 선택은?

　　　ㄴ

　　　　ㄴ

'피치피치피보부, 피치피치피보부'는 마법의 주문을 닮았다. 배달 앱 광고에 나오는 주문인 '피자, 치킨, 피자, 치킨, 피자, 보쌈, 부대찌개'의 첫 글자들로, 실제 주문이 가능한 메뉴들이다. 주문을 외우며 무엇을 먹을까 고민하는 일은 행복하다. 나가서 먹을까, 시켜 먹을까를 고민하며 메뉴를 꼽아 보는 일 역시 즐거운 일이다. 먹는 일은 노는 일만큼이나 신난다. 어디까지나 먹는 이의 입장에서다.

알바를 많이 하기로 유명한 정후는 학교에선 주로 잔다. 3교시 쉬는 시간, 점심시간, 7교시 끝날 무렵이 되어야 슬슬 눈을 뜨는 정후는 주 5일, 하루 5시간 이상 알바를 한다고 했다. 정후의 이런 상황을 아는 샘들은 한두 번 깨우다 포기한다. 깨워서 눈을 뜨고 있어도 정후는 몽롱한 상태이거나 이내 다시 잠들기 때문이다. 그런 정후가 오늘은 오전 내내 잠을 자지 않고 계속 얘기를 한다. 어제 알바하는 고깃집에서 만난 갑질 손님에 대한 얘기다. 알바비를 많이 주는 대신 노동의 강도가 센 고깃집에서 일하는 정후는 어제 술을 마신 아저씨와 실랑이가 붙었고 결국 자신이 사과를 했지만 도무지 뭐가 잘못된 건지 모르겠다는 거다. 아저씨가 고기 추가를 시켜서 가져다 드렸는데 고기를 내려놓는 태도가 나쁘다는 둥, 학생이 공부는 안 하고 여기서 왜 이런 걸 하냐는 둥, 눈빛이 그게 뭐냐는 둥 인신공격까지 받았단다.

잠도 자지 못하는 걸 보니 정후가 정말 억울했나 보구나 하는 생각이 들었다. 정후는 자신의 억울함을 1도 얘기하지 못하고 술에 취한 아저씨에게 사과를 했단다. 죄송하다고 몇 번이나 말하고 나중에 사장님에게도 따로 혼났다나. 갑질에 진상이었다며 우리 보고도 제발 예의는 지켜서 시켜 먹으라며 잔소리 아닌 잔소리를 해 댄다. "니들이 돈 낸다고 내가 막 해도 되는 애는 아니거든!" 이러면서 말이다.

가끔 SNS에서 '사장님 센스!' 하며 올라오는 글들 중에 '남의 집 귀한 자식입니다.'와 같이 알바생을 보호하는 문구들이 인기를 모으는 이유도 갑질을 하며 남의 자식을 부려 먹으려는 사람이 많기 때문일 거다. 정후도 자기 집에서는 귀한 자식임이 분명할 테고, 반대로 고깃집에 온 갑질 손님도 누군가의 평범한 아버지이거나 직장인일 거다. 그러니까 정후나 그 아저씨나 사실은 누가 더 잘난 것도 없는 평범한 사람들이다. 다만 어제의 그 아저씨는 돈을 쥐고 잠시 특별한 사람인 척, 능력 있는 사람인 척한 거다. 잠시 돈의 힘을 빌려 센 척을 했기에 그는 '갑'이 아니라 잠시 '갑질'을 한 진상 손님일 수밖에 없던 거고 말이다.

사실 이런 갑질이 음식점에서만 일어나는 건 아니다. 배달 음식을 받을 때에도 '왜 이렇게 늦었어!', '나중에 돈 줄 테니까 다시 와.'라는 식으로 배달원을 무시하는 일이 흔하다고 한다. 자신들의 배를 채워 줄 음식을 최대한 따뜻하게, 최대한 붇지 않게 하려고 달려온 이들을 향해 내뱉을 말은 아닌 것 같은데 말이다. '네, 죄송합니다. 주문이 밀려서요.' 정도에서 끝나면 다행이지만 시비를 거는 경우도 있단다. 내 상식으로는 이해되지 않는 마음들이다. 그래, 상식! 보통의 상식이 통하지 않는 경우가 세상엔 참 많다.

저녁밥을 대충 먹어서인지 10시가 다 된 시간에 문득 출출했다. 엄마를 향해 눈짓을 보냈다. 뭔가 시켜 먹자는 신호다. 엄마는 나를 보더니 눈짓을 한다. 창밖을 보라는 신호다. 밖에는 꽤 굵은 비가 계속 내리고 있었다. '그래서 뭐?' 하고 어깨를 들썩이는 나를 향해 '배달은 좀…….'이란다. 도대체 뭐가 문제지 싶은 생각에 멀뚱멀뚱 창밖을 본다.

우리 집은 단지의 맨 앞 동이자 바로 길가여서 거실에 앉아서도 실시간 교통 상황을 알 수 있다. 비 오는 거리에는 자동차가 많지

않았다. 그 대신 우비를 입은 배달원의 오토바이 불빛만이 빠르게 오갈 뿐이었다. 그러니까 엄마의 말은 굳이 오늘 같은 날씨에 남을 위험에 빠뜨리게 해야겠냐는 거다. '비 오니까 시켜 먹는 사람이 더 많은 거지!' 하고 반박하려다 오늘 낮에 들은 정후의 이야기가 생각나서 내가 만약 알바생이라면 어떨지 생각해 보았다. 싫지 않을까? 우비가 살에 닿아 끈적거리는 것도 싫고, 비에 젖은 위험한 도로 위로 오토바이를 타는 것도 싫을 것 같다. 하지만 치킨을 쉽게 포기할 수도 없어서 풍성이에게 눈치를 줬다. 엄마는 풍성이의 말에는 한없이 약하니까. 방에서 뭘 하는지 알 수 없는 풍성이에게 문자를 보냈다.

- 치킨 언제 오냐고 네가 물어봐.
- 왜?
- 엄마가 비 온다고 시켜 먹지 말재.
- 왜?
- 비 오니까, 위험하다고.
- 누가?
- 배달하시는 분.
- 헐, 대박, 역시 엄마.
- 너 뭐 하냐? 안 나오고.

여러 통의 문자 끝에 기어 나온 풍성이가 치킨은 언제 오냐며 엄마에게 애교 섞인 말을 건넸다. 엄마는 나를 한 번 째려보더니 이내 아빠를 향해 눈치를 준다. 아빠보고 차를 끌고 가서 사 오라는 신호다. 번호만 누르면 될 일을 굳이 아빠까지 호출하는 엄마가 다소 의아하기도 했지만 아빠가 일어서는 걸 보니 아빠도 엄마의 생각에 동의하시는가 보다. 내 새끼 배부르게 하려고 굳이 남의 새끼를 위험하게 만들고 싶지 않다는 엄마의 말이 오늘 낮에 들었던 갑질 아저씨와 겹쳐졌다. 어쩌면 그 아저씨의 아들과 딸도 어딘가에서 갑질을 하는 다른 누군가에게 당하고 있을지도 모른다. 평범한 우리들이 계속 갑이기만 할 수도, 계속 을의 처지로 있기만 한 것도 아닐 테니 말이다.

이런 생각을 하는데 아빠는 다 같이 나가서 먹고 오자는 강수를 던지셨다. '이 시간에?' 하는 표정으로 나와 엄마, 풍성이가 아빠를 본다. 아빠는 싫음 말든가 하는 표정으로 키를 흔든다. 무면허인 엄마는 나와 풍성이를 번갈아 보며 눈치를 봤다. 바로 이 순간 아빠는 갑이고 배가 출출한 엄마와 나, 풍성이는 을이다. 우리는 서로 얼굴을 마주 보다 '난 안 가!' 하는 풍성이의 말로 모든 게 종료되고 말았다. 다시 풍성이가 갑이다. 먹는 걸 즐기지 않는 풍성이의 빛의 속도급 결정에 엄마도 '담에 먹자. 라면 먹을래?' 하며 나를 바라본다. 이번에는 내가 갑이다. 아빠는 어느새 키를 내려놓고 다시 소파에 앉았다.

하는 수 없이 갑인 내가 엄마에게 양보(?)하는 것으로 비 오는 밤의 소동은 끝이 나고 말았다. 엄마는 부엌에서 라면 끓일 물을 올리고 김치를 꺼낸다. 갑자기 바빠진 엄마를 보며 나가 먹든 시켜 먹든 집에서 먹든 먹는 건 누군가의 수고로움을 먹는 일이라는 생각이 들었다. 그러니까 감사히 먹어야 할 일이다.

"감사히 먹겠습니다." ㅋㅋ

#갑질그만 #감사히먹자 #배달외식 #비오는날배달은좀 ♥24

↳ 피치피치피보부, 오늘 같이 비 오는 밤은 부대찌개 각이죠!

   ↳ 맞아요, 매운 국물…. ㅋㅋ

↳ 비 오는 날 배달하는 사람이에요. 싫어요.

   ↳ 아!!! 안전 운전!

↳ 엄마, 아빠 꿀케미!

   ↳ 쩝… 뭐라 드릴 말씀이… 없네요….

조삼모사(朝三暮四)라는 사자성어는 『장자』에 나오는 이야기야. 중국 송나라의 저공이라는 사람은 기르던 원숭이들이 재주를 잘 부려 많은 돈을 벌게 되었어. 그래서 원숭이들에게 아침저녁으로 세 개씩 주던 도토리를 더 많이 주기로 했지. 아침에 세 개, 저녁에 네 개 주겠다고 제안했는데 원숭이들이 화를 냈어. 그래서 이 번에는 그렇다면 아침에 네 개, 저녁에 세 개를 주겠다고 하니 만족했다는 거야. '원숭이들 바보 아니야?' 하는 생각이 번뜩 들지? 그래서 이 말은 주로 잔꾀로 다른 사람을 교묘하게 속이는 것을 말하거나 당장에는 차이가 나지만 결과는 매한가지라는 뜻으로 사용되곤 해. 하지만 장자는 이 이야기 끝에 다음과 같은 말을 해.

　　'명목이나 실질에 아무런 차이가 없는데도 원숭이들은 성을 내다가 기뻐했다. 있는 그대로 인정해야 한다. 그러므로 성인은 옳고 그름의 양극을 조화시킨다. 그리고 모든 것을 고르게 하는 하늘의 고름에 머문다. 이를 일러 두 길의 걸음이라고 한다.'

　　이 이야기는 성인에 이르는 길을 말하지만 동시에 원숭이의 소리나 원숭이를 치는 사람의 소리가 하늘의 입장에서는 모두 평등하다는 걸 의미해. 나 아닌 다른 사람의 목소리에 귀 기울이는 일이 바로 성인에 이르는 길이라는 뜻이지.

　우리 사회에서 끊임없이 일어나는 갑질 논란은 사실 자신의 목소리만이 세상에 존재한다는 걸 증명하려는 구차한 몸부림에 지나지 않아. '네 목소리는 됐고요, 나만 맞거든요!' 식이지. 그러니 세상이 삐거덕거릴 수밖에. 조삼모사는 원숭이의 무식함을 드러내는 이야기가 아니라 상대방의 입장을 듣고 받아들이는 존중과 배려가 필요하다는 걸 드러내는 이야기인 셈이야. 서로의 목소리가 평등하다는 생각이 바로 갑질을 사라지게 하기 위해 지금 우리에게도 필요한 정신이 아닐까? 내가 갑인 것처럼 느껴지지만 곧 을이 되고 마는 우리의 처지 또한 조삼모사와 닮아 있으니 말이야.

　풍미의 말처럼 먹는다는 건 누군가의 수고로움을 먹는 일이야. 먹고, 입고, 자고, 씻고 심지어 쓰레기를 버리고 치우는 일도 모두 누군가의 수고로움이 있기에 가능한 일이지. 그리고 그 수고를 하는 사람들은 나와 상관없어 보이는 이들이기도 하지만 동시에 매우 친밀한 사람들이기도 하다는 걸 잊지 않길 바라.

└ 피자,
└ 평등의 언어가 필요해

└

└

└

　　폭력은 어디에도 없어야 하는 것이지만 어디에나 있다. 학교 안이든 밖이든, 집 안이든 밖이든 폭력은 다양한 모습으로 존재한다. 피해자는 있으나 가해자가 없는 폭력도 많다. 가해자들은 자신들이 폭력을 행사했는지조차 알지 못한다. '그냥요. 심심해서요. 재밌잖아요.' 등으로 가볍게 생각한다. 나이가 비슷한 또래끼리는 장난과 폭력 사이를 심하게 오고 가며 '장난인데요.'로 모든 행동을 설명한다. 나는 장난인데 저 친구가 진지하게 받아들인 게 문제라는 식이다. '장난이었어. 미안해.'라는 성의 없는 사과가 오가면 오랫동안의 괴롭힘도 때로는 정말 장난이 되고 말기도 한다. 설명하기 어려운 빡침과 망설임이 교차하지만 또 애써 무시하는 게 많은 아이와 선생님들의 태도다. 그들에게는 그 장난을 폭력이라고 할 '증거'가 없기 때문이다. 예를 들자면 승찬이의 발표를 두고 '에이, 지겨워. 이런 건 왜 듣고 있냐!' 식의 비아냥거림 같은 거.

나는 1학기가 끝나 갈 무렵 승찬이와 짝이 되었다. 나중에 안 사실이지만 승찬이는 내가 다닌 중학교를 다니다가 전학을 갔단다. 입학하자마자 왕따를 당하다 전학을 갔었다는데 고등학교에 와서 중학교 때의 그 무리를 다시 만난 거란다. 무슨 일 때문이었는지는 모르겠지만 승찬이의 소심함과 진지함이 어쩌면 그때의 일과도 연관되어 있지 않을까 싶었다. 이런 생각을 하고 있는데 복도가 시끌시끌하다. 폰을 빌려 간 아이가 승찬이의 등을 툭툭 치면서 "야! 한 시간만 더 쓰고 준다고!" 하고 소리를 질렀다. 승찬이는 더 이상 말도 못 하고 얼굴이 시뻘게졌다. 아이들이 많아지니 승찬이는 슬그머니 교실로 들어와 엎드렸다. 그리고 나는 똑똑히 ○○의 말을 듣고 말았다.

"자꾸 옛날 일 생각나게 하네. 재수 없어. 좀 놀아 줬더니만 나랑 맞먹으려고 하네."

하지만 나는 ○○의 말을 듣고 흘릴 수밖에 없었다. 왜냐하면 나도 무서웠으니까. 미안한 마음이 들었다. 이런 식으로 승찬이는 늘 외면당했을 거다. 마음이 복잡했다. 나는 엎드린 승찬이를 일으켜 함께 사회 샘을 찾아가 보자고 했다. 봉사 활동을 다니면서 사회 샘이 법을 공부했다는 걸 알게 되었고, 사회 샘이라면 이 이야기를 모두 들어 줄 것만 같았기 때문이다. 내 이야기에 승찬이의 입꼬리가

묘하게 올라갔다. 비웃는 건지 알겠다는 건지 알 수 없었지만 그날 이후 승찬이는 내게 자기가 겪은 일들을 조금씩 얘기해 주었다. 요약하자면 ○○이는 입학하고 지금까지 승찬이를 예전처럼 괴롭히고 있었다. 무엇인가를 빌려 가서는 돌려주지 않는 일이 많았고 안 빌려주면 협박과 폭행도 서슴지 않았단다.

얼마 뒤 학폭이 열렸다. 승찬이를 괴롭히던 아이들은 징계를 받았으며 ○○이는 전학을 갔다. 승찬이가 사회 샘을 만난 후 증거를 모았고 부모님과 상의해 학교 폭력을 신고했기 때문이다. 폭풍 같은 날들이 지난 후 승찬이는 어느 정도 소심함에서 벗어난 듯 보였다. 뭔가를 바꿀 수 있다는 자신감 같은 게 생긴 거 같기도 했다. 이제 승찬이는 방과 후에 친구들과 놀기도 하고 숙제를 같이 하기도 한다.

오늘 나는 승찬이랑 학교 앞 〈피자학교〉에서 만나기로 했다. 학교 앞에 새로 생긴 〈피자학교〉는 싸고 맛있기로 유명한 곳으로, 학원을 가기 전 승찬이와 피자를 먹기로 했다.

승찬이와 내가 주문한 피자는 마르게리타다. 치즈와 소스 이외에 아무것도 섞이지 않은 맛, 어릴 때부터 내가 가장 좋아하는 피자다. 토핑도 없는 피자가 뭐가 좋냐며 이해할 수 없다고 했지만 내 입맛이 그런 데에 특별한 이유는 없다. 아는 사람은 알겠지만 이 마르게리타는 여왕의 이름이다. 사보이의 여왕 마르게리타가 나폴리를 방문했을 때 당시 유명한 요리사였던 돈 라파엘 에스폰트가 여왕을 위해 만든 피자에서 유래한다. 거기에 나폴리를 지배했던 부르봉 왕조의 마리아 카롤리나 왕비의 피자 사랑 덕분에 피자는 여러 사람이 먹을 수 있는 흔한 음식이 되었다. 왕비가 좋아하는 음식이라는 이유로 귀족들은 자기 집에 화덕을 만들었고 길거리에서도 피자를 팔게 되었기 때문이다. 나는 과거 여왕과 왕비가 즐겨 먹었다는 음식을 마주하며 그녀들과 내가 별다를 것 없는 미식가라는 생각을 해 보았다.

피자의 맛은 토핑이 아니라 도우가 결정한다는 게 내 지론이다. 아무리 좋은 재료들도 도우가 시원찮으면 꽝이다. 가루가 날리는 피자, 돌처럼 굳어 버린 피자는 생각만으로도 웩이다. 자신을 드러내지 않고 달콤하고 고소한 토핑들을 흡수하는 도우여야 피자가 맛있어진다. 이처럼 도우는 별것 아닌 것 같지만 중요한 바탕이다.

정확히는 모르겠으나 만드는 과정은 복잡하다. 밀가루와 물을 섞어 밀면 될 것 같지만 전혀 그렇지 않다. 오랫동안 숙성해야 하고 광고에서 보듯 넓고 얇게 반죽을 늘여 치대는 기술도 필요하다. 그중에서 숙성은 도우가 스스로 숨을 쉬는 시간이다. 엄마의 베이킹 실패담에 의하면 모든 발효는 죽어 있던 가루들이 스스로 숨을 쉴 수 있는 시간을 주는 것이라고 했다. 가루들이 이스트 또는 효모 등을 만나 스스로 부풀어 오르도록 기다리는 것, 그것이 바로 발효이다.

피자 도우의 발효를 생각하다 문득 사람도 가루들처럼 스스로

숨을 쉬고 생각하는 시간이 필요한 게 아닌가 하는 생각이 들었다. 바람에 따라 날리기만 했던 가루들이 물을 만나고, 효모를 만나고, 떨어져 있던 알갱이들이 서로의 손을 잡고 부풀어 오르는 시간, 바로 그 발효의 시간들이 사람들 사이에도 필요한 게 아닌가 싶은 생각 말이다.

승찬이가 겪은 일들도 이와 비슷할 것 같다. 만약 이 이야기를 들은 어른들이 외면했다면 어땠을까? 승찬이는 여전히 바람에 날리는 밀가루처럼 허공에 둥둥 떠서 힘들어하고 있지 않을까? 다행히도 승찬이는 용기를 내어 문제를 이야기했고 이 문제를 개인의 문제라고 외면하지 않았던 부모님, 선생님들이 손을 잡고 해결해 주었기 때문에 승찬이는 어려움을 이겨 낼 수 있었던 게 아닐까? 이제 바람에 풀풀 날리던 밀가루가 전혀 다른 모습으로 변화했듯 어쩌면 승찬이도 달라질 수 있지 않을까 싶다.

만약 피자를 여왕만 먹겠다고 했다면 어땠을까? 그랬다면 피자를 좋아하던 귀족이나 서민은 모두 범죄자가 되거나 숨어야만 했을 거다. 하지만 피자는 동그란 모양에 걸맞게 누구나 먹을 수 있는 음식이었다. 길거리마다 화덕이 생겨났고, 손쉽게 사 먹을 수 있는 피자 가게가 생겨났다. 세계인의 입맛을 고려한 피자는 여전히 진화 중이다. 피자는 생김새대로 하나의 재료만을 좋아하거나 싫어하지 않는다. 둥근 원 안의 모든 재료는 피자의 맛을 내는 데 기여한다. 이 정도라면 피자는 평등의 상징이 되어야 하지 않을까 하는 생각마저 든다.

하지만 피자를 먹는 속도는 평등하지 않아서 내가 세 조각을 먹는 사이 다섯 조각을 먹은 승찬이 때문에 할 수 없이 '한 판 더?'를 물어볼 수밖에 없었다. 열일곱이 생각하는 피자 먹기의 평등은 1인 1판이다. 그나저나 평등하다는 것, 그것은 모두 같아지자는 이야기일까?

#니들이피자맛을알아 #학교폭력 #평등한세상 #생각보다어려운평등의 의미 ♥43

    ㄴ 1인 1닭, 1인 1판이야말로 평등의 우선 조건이라 생각합니다.

        ㄴ 공감합니다. 사랑합니다. 치킨님, 피자님.

    ㄴ 풍미 님을 친구로 둔 승찬 님이 부럽네요. 승찬 님 학교생활 잘 하시길요.

        ㄴ 잘 할 거예요. 용감한 친구거든요.

    ㄴ 요즘 은미 님 이야기 너무 뜸한 듯? 무슨 일 있어요?

        ㄴ 헉!!!!!!!!!

　　여덟 조각이 나오는 피자 한 판을 무조건 똑같이 나누는 걸 평등이라고 해야 할까? 누군가는 태어나 처음 피자를 먹는 거고, 누군가는 아침을 굶었고, 누군가는 이미 다른 피자로 배를 채운 상태라면 어떨까?

　　어쩌면 평등이라는 건 물리적으로 무엇인가를 나누는 문제이기 이전에 사람이라는 존재가 가지고 있는 어려움을 먼저 생각하는 일이 아닌가 싶어. 왜냐고? 사람이 애당초 가지고 있는 조건에 차이가 있기 때문이야. 평등의 개념은 바로 이 차이가 있는 사람들 사이의 조건을 극복하기 위한 생각이지. 성별, 권력, 나이 등 조건은 다르지만 인간이라는 존엄성에는 차이가 없으니까.

　　평등은 쉬울 것 같지만 제대로 실현되기 어려운 가치야. 물론 사회 시간에 배워서 알고 있는 기회나 조건, 결과의 평등도 중요하지만 그런 평등을 실현하려는 궁극적인 이유는 바로 누구나 인간다운 삶을 누려야 한다는 고민 때문이라는 걸 잊지 말았으면 해. 피자의 둥근 모양에서 풍미가 떠올린 평등은 여왕이나 왕비뿐만 아니라 일반 백성들도 배가 고프고 맛있는 걸 먹고 싶어 하는 욕구가 있는 인간이라는 사실이지. 만약 '나만 먹을 거야. 너희는 먹지 마!'라고 했다면 많은 이들은 맛있는 걸 먹고 싶은 욕구를 억눌러야만 했을 거야. 불공평하게도 말이지.

승찬이가 겪었던 어려움도 마찬가지야. 인간으로서 안전하고 싶은 욕구를 침해당한 거지. 그래서 학교에서는 학교폭력위원회를 열어서 인간으로서 안전하고 싶은 욕구를 되찾아 주려고 해. 우리 사회가 양성평등법 등 평등을 위한 법을 마련하는 까닭도 인간으로서의 권리를 지켜 주려는 거지. 물론 법으로도 여전히 지켜지지 않고 외면당하는 문제도 많아. 그래서 사람들은 인간으로서의 차별에 의문을 제기하고 싸우기도 해. 하지만 너무 걱정하지는 마. 바로 이런 싸움을 통해 너희가 누리는 권리, 샘이 누리는 권리들을 얻게 되었으니 말이야. 싸울수록 세상은 둥근 피자를 닮은 모양으로 변화하게 될 거야!

ㄴ 햄버거,
ㄴ 그냥이 정말로
ㄴ

ㄴ

ㄴ

진우는 지난 두 달 동안 맥날에서 알바를 했다. 돈이 필요하단다. 진우는 그냥 살아가는 데도 돈이 필요하다고 말했다. 나는 '수도권 40평대의 아파트, 기자인 아빠'를 둔 진우가 지금 돈을 벌어야 할 이유를 이해할 수 없었다.

"야, 그냥 엄마나 아빠한테 달라고 말해. 뭘 하려고 그래?"

"됐어. 돈 달라고 말하는 것도 치사하고. 그냥 내가 벌어서 내 맘대로 쓸 거야."

"어디다 쓰게?"

"그건 잘 모르겠어. 맨날 너한테 들어가는 학원비가 어쩌고저쩌고⋯⋯. 진짜 싫다."

"아줌마 아시면 너 완전 끌려갈 수도 있는데."

"그니까, 안 걸리게 잘 해야 할 텐데. 마침 주말 알바니까 도서관 간다고 하려고."

"헐……."

"혹시 울 엄마가 전화하면 잘 부탁한다."

이렇게 시작한 진우의 알바는 내게 또 다른 세상이 있음을 알게 해 주었다. "안녕하세요. 맥도날드입니다."를 연신 외치는 맥날의 공간이 내 또래의 누군가가 끊임없이 닦고 치우는 공간임을 말이다. 시급 7,530원인 맥날의 크루 진우는 주말 아침 8시부터 오후 3시까지 일한다. 진우의 노동 시간은 7시간, 중간에 햄버거 세트 하나쯤은 당연히 먹어야 견딜 수 있을 거라 생각한 나는 "야, 제일 비싼 거 먹어. 시그니처 버거 같은 거."라고 웃으며 이야기했다. 그런데 진우는 오만상을 찌푸리며 "뭘 모르는 소리. 치즈, 빅맥, 불고기, 맥치킨 중에서 먹어야 하거든?"이란다. 세계적인 햄버거 체인에서 이 모양 빠지는 짠돌이 행색은 뭐람? 가장 싼 햄버거를 먹으며 일한 진우가 받는 월급은 40만 원이 조금 넘는 돈이었다. 물론 열일곱 살에겐 결코 적은 돈이 아니다. 하지만 진우는 알바 일에 지쳐 주말 오후와 월요일에도 아무것도 할 수 없는 상태가 됐다.

진우의 맥날 알바로 새롭게 알게 된 몇 가지가 있다. 알바생들은 손님이 없어도 앉아서 쉴 수 없다는 것, 끊임없이 움직여 일하는 척이라도 해야 한다는 것, 먹을 수 있는 햄버거의 종류가 정해져 있다는 것, 햄버거를 고정하는 종이를 접고 아이스크림콘에 종이를 끼우는 일도 해야 한다는 것 등등. 간편하고 편리하게 먹을 수 있는 곳이지만 그곳은 복잡하고 힘겨운 노동이 계속되는 공간이기도 했다. 하지만 진우는 알바의 세상이 무궁무진하다는 사실을 알게 되었단다. 자신처럼 맥날 알바를 하는 건 다른 알바를 할 게 없어서 오는 경우라며 동료들에게서 들은 썰을 풀기 시작했다. 편의점, 음식점, 키즈 카페 등등 청소년들이 얼마나 알바를 많이 하는지를 듣고 그저 놀랄 수밖에 없었다.

진우는 그냥 살아가는 데 돈이 필요해서 알바를 시작했다지만 세상에 그냥은 없다. 그냥에도 모두 사연이 있다. 진우의 그냥은 사실 고가의 운동화와 핸드폰 때문이었다. 진우 엄마가 학원비를 이야기한 까닭도 진우의 요구가 너무 엄청난 거라고 느꼈기 때문일 거다. 진우는 두 달 치 월급을 모아 스마트폰 대신 운동화를 샀다. 남은 돈은 흔적도 없이 사라졌단다. 뭐 일부는 내 배로 들어간 것도 인정.

나는 진우의 알바 체험담을 들으면서 문득문득 진우나 내 또래 아이들의 노동이 성인이 된 이후에도 계속되는 건 아닌가 하는 두려움을 느꼈다. 햄버거는 대표적인 패스트푸드다. 빨리 나오고, 빨리 먹을 수 있다. 이 가게를 채우고 있는 대다수의 알바생들도 빨리 채용될 수 있지만 언제든 해고될 수 있는 처지다. 그러니까 햄버거 가게의 알바생과 빠르게 소비되는 패스트푸드인 햄버거는 닮은 셈이다. 문득 햄버거 가게 알바생의 노동이 성인이 된 이후에도 지속

될까 두려웠던 까닭은 문송(문과라서 죄송합니다), 비정규직 같은 말들
과 취업이 잘되는 대학이나 과를 선택해야 한다는 말들을 심심찮
게 들어서일 거다. 만약 취업이 되지 않으면 빠르게 돌고 도는 패스
트푸드의 음식들처럼 알바를 전전하게 되는 건 아닐까 하는 막연
한 두려움이 들었다.

오늘 은미와 나는 글쓰기 동아리 활동 보고서를 쓰기 위해 맥날
에서 만나기로 했었다. 맥날 앞에서 나는 진우가 섰던 자리를 채운
새로운 알바생을 보았다. 진우의 존재 따위는 처음부터 없었던 것
처럼 그 자리를 채운 알바생은 몹시 분주해 보였다. 어쩐지 우리는
햄버거의 페티처럼 순간순간 교체될 수 있는 존재 같다는 생각이

들었다. 이런 생각으로 머릿속이 복잡해서 멍해 있는 나를 쿡 찌르며 은미가 햄버거 세트 두 개가 담긴 쟁반을 내밀었다. 햄버거에 둘러진 칼라를 벗겨 내고 누군가의 노고를 생각하며 한입 베어 물었다. 어쩌면 나중에 나도 맥날의 크루가 되어 만들게 될지도 모를 햄버거를 말이다. 문득 나는 은미도 알바를 해 본 적이 있는지 궁금해졌다.

"은미야, 너도 알바 해 봤어?"

"알바? 응. 키즈 카페에서 두 달 정도."

명색이 '키즈' 카페인데도 눈에 띄지 않는 곳들은 너무 더럽다며 혀를 내둘렀고, 알바생들이 추가로 일하는 것을 사장님이 당연하게 생각해서 그만두었단다. 진우도 은미도 해 본 알바를 아직 해 보지 못한 내가 어쩐지 낙오자가 된 기분이 들었고, 나중을 대비해서라도 지금부터 뭔가를 해야 하나 싶은 마음도 들었다. 이런 와중에도 누군가는 계속 쓸고, 닦고, 외친다.

"안녕하세요. 맥도날드입니다."

은미가 멍해 있는 나를 불렀다.

"무슨 생각 해?"

"응? 나만 너무 아무것도 안 하나 싶어서."

"돈 벌어야 해?"

"아니, 지금 당장 돈이 필요한 건 아니지만."

"다들 사연이 있어서 일하는 걸 거야. 그냥 경험 삼아 하는 애들은 없어.”

　나는 은미의 ‘그냥’이라는 말이 자꾸만 목에 걸렸다. 진우도 그냥 사는 데 돈이 필요하다고 했지만 그 그냥에도 사연이 있었다. 그러니까 은미도 사연이, 지금 인사를 하는 녀석에게도 다 사연이라고 하는 게 있는 셈이다. 하지만 그냥 돈이 필요해서 일을 시작한 알바가 앞으로 살면서 정말 돈이 필요해서 알바를 해야 하는 상황이 되는 건 아닌지, 다양한 햄버거의 종류처럼 언제든 교체될 수 있는 존재로 견뎌야 할 수도 있다는 생각이 들어 씁쓸했다.

#그냥의철학 #햄버거 #너와나의사이 #햄버거와알바사이 ♥47

　　ㄴ 알바로 사는 1인, 왜 슬프죠?

　　　　ㄴ 슬퍼하지 마세요….

　　ㄴ 앞으로 햄버거를 먹을 때마다 풍미 님 글이 생각날 듯요….

　　　　ㄴ ㅋㅋ 왜죠?

　　ㄴ 은미 님과 진도는 언제 나가죠?

　　　　ㄴ 네?!

폴 라파르그의 『게으를 수 있는 권리』라는 책이 있어. 우스갯소리인가 싶겠지만 그의 이야기는 100년 전에도 지금도 여전히 사람들의 관심을 끌어. '게으를 수 있는 권리'가 주어진다면 너희들은 무엇을 할래? 생각만으로도 입꼬리가 쓰윽 올라가니?

　　요즘은 열심히, 부지런히 일하는 것을 성실한 삶의 표본으로 보지. 하지만 과거에는 노동이 노예들의 고통스러운 삶이었어. 헤로도토스의 『역사』에 따르면 그리스인들은 노동을 경멸했고, 플라톤은 『공화국』에서 구두장이나 대장장이가 인간의 본성을 타락시킨다고 얘기했지. 이들에게 노동은 고귀한 일이 아니었던 셈이야. 그렇다고 당장 일을 다 때려치우고 손가락을 빨면서 굶어 죽자는 것은 아니야. 우리는 지금, 왜, 무엇을 위해 일하는지에 대해 고민해 보았으면 해.

　　『게으를 수 있는 권리』는 '자본주의 문명이 지배하는 국가의 노동자 계급은 기이한 환몽에 사로잡혀 있다.'라는 문장으로 시작해. 어렵다고? 쉽게 말하면 일하지 않으면 안 될 것 같은 불안을 안고 살아간다는 거야. 하지만 가만 손을 놓고 따져 봐. 내가 아무리 열심히 일을 해도 내가 가지는 몫은 사장님보다 적어. 게다가 열심히 일하는 나 하나쯤이 사라져도 아무 문제도 생기기 않아. 기업이 크면 클수록 나의 역할은 작은 부속품에 지나지 않지. 언제든지 교체 가능한 부품처럼 말이야. 진우가 일했다는 햄버거 가게처럼 세계적인 기업에서는 말할 것도 없고 말이야.

그런데 왜 돈을 벌려고 하지? 진우는 열심히 번 돈을 또 다른 세계적 기업의 운동화를 사는 데 썼어. 결국 진우의 노동은 진우랑은 비교도 되지 않을 만큼 부유한 사람들의 부를 증가시키는 데 기여한 셈이지. 라파르그는 바로 이런 점에 주목해서 '게으를 수 있는 권리'를 주장하고 '가만히 멈추어 서서 바라볼 시간'을 말해. '혼자 있을 시간이, 타인과 깊숙이 관계를 맺을 수 있는 시간이(…) 우리 외부에서 주어지는 즐거움을 주체적으로 즐길 수 있는 시간이, 아무것도 생산하지 않고 그저 우리의 모든 근육과 감각을 사용할 시간이 필요하다.'라고 말이야. 돈, 중요하지. 저마다의 사연을 '그냥'이라는 말에 숨기며 그저 열심히 일해. 하지만 돈에 대한 고민 없이 그저 열심히 일만 하지는 않았으면 해. 만약 지금 너 스스로가 사라지는 것처럼 느껴진다면, 그저 기계의 부품이 되어 가는 느낌이 든다면 잠시 손을 놓고 눈을 감고 '게으를 수 있는 권리'를 누려 보길 바라.

짜장면과 짬뽕,
결정의 순간

가을이 깊어 가고 있다. 흔히 가을은 독서의 계절, 남자의 계절이라고 한다. 하지만 가을은 뭐니 뭐니 해도 연애의 계절이다. 날도 선선해서 걷기 좋고 어딜 봐도 예쁜 풍경은 데이트하기에 적당하기 때문이다. 가을이 와서 그런지는 알 수 없지만 준우는 지난번에 헤어진 여친을 다시 만나기 시작했고, 우리 반 교실에도 커플이 되어 딱 달라붙어 있는 몇몇이 생겼다.

나는 자칭 타칭 프로 짝사랑러다. 자칭인 까닭은 내 마음을 지나간 그녀들이 많은 까닭이고, 타칭인 까닭은 이런 나를 잘 알고 있는 진우 녀석이 한심하다고 인정해 줬기 때문이다. 그렇다고 내가 용기가 없다고 생각하지는 않는다. 다만 입 밖으로 내 마음을 말할 만큼 좋아하지는 않았던 것뿐이다. 그런데 요즘은 마음이 좀처럼 진

정되지 않고 걸핏하면 하늘을 날듯 가벼워졌다가 또 땅이 꺼져라 무거워지는 탓에 뭔가 결정을 내리기는 해야 할 것 같았다.

이러지도 못하고 저러지도 못하는 처지가 꼭 짜장면인지 짬뽕인지 결정하지 못하는 심정 같다. 사실 중국 음식은 배달 음식 중에 갑 오브 갑이다. 그중 짜장면은 단연 말할 것도 없다. 검고 윤기 나는 굵은 면발은 달콤하면서도 짭조름하고 쫀득거리면서도 부드러운 맛을 가지고 있다. 그럼에도 그 자체가 가지고 있는 향이 짙어서 엘리베이터 정도의 공간은 충분히 채우고도 남는다.

짜장면은 그 자체로 존재감을 드러내는 음식이다. 하지만 이 녀석에는 막강한 경쟁자가 있다. 바로 짬뽕이다. 주문의 순간, 마음을 흔들리게 하는 존재다. 나는 단 한 번도 짬뽕을 먹어야지 생각하고 짜장면집 번호를 누른 적은 없다. 하지만 꼭 전화를 누르고 주문을 말하는 그 짧은 순간 '짬뽕으로 바꿀까?'로 고민하다 결정을 바꾼 적이 한두 번이 아니다. 매콤하면서도 탱글거리는 면발, 속이 시원해지는 국물 맛에 나도 모르게 마음이 흔들리기 때문이다. 짜장면 한 그릇을 배달시킨 적은 거의 없으니까 풍성이나 아빠, 엄마, 혹은 같이 먹는 누군가의 짜장면 한 젓가락을 얻어먹으면 되지 않을까 라는 생각 때문이기도 했다. 어찌 되었든 짜장면이냐 짬뽕이냐를 정하는 건 여전히 중요한 고민이자 숙제다. 하지만 결정은 언제나 필요한 법이다. 그리고 때론 그 결정에 후회하기도 하고 만족하기도 한다.

짝사랑도 언제나 결정을 요구한다. 계속 마음만 끓일 건지, 아니면 고백하고 차이거나 사귈 건지를 말이다. 나는 줄곧 마음만 끓이는 쪽을 택했었다. 남중에서는 커플들의 애정 행각을 오랫동안 지켜볼 일이 없었고 학원에서 잠시 만나는 여자애들에게 굳이 마음을 표현할 절박함은 없었기 때문이다. 하지만 요즘 나는 백허그는 일상이요, 이리저리 손을 잡고 다니는 커플들 때문에 심란하고, 자꾸만 마주치는 은미 앞에서 심장이 두근거리는 걸 참는 일이 쉽지 않았다. 나는 결정했다. 고백을 말이다. 눈치를 챈 사람도 있겠으나 이 정도로 밝힐 정도면 나의 고백은 성공이었다. ^^ (축하해 주세요~ㅋ) 어제까지 고민한 결과 뭔가 말을 해야겠다 싶어서, 나는 오늘 은미에게 문자를 보냈다.

- 은미야, 혹시 오늘 방과 후에 시간 돼?
- 응. 왜?

- 어, 그럼 끝나고 교문 앞에서 보자.

- 교문? 그래. 근데 왜?

- 만나서 얘기할게.

이렇게 문자를 보내 놓고는 7교시가 끝날 때까지 혹시라도 복도에서 은미를 만날까 싶어 하루 종일 교실에만 있었다. 고백에는 초보인 내가 무슨 말을 어떻게 해야 할까 싶었기 때문이다. 사실 은미와 나 사이에 썸이 전혀 없었던 건 아니다. 진우도 우리 사이를 의심했을 정도로 자주 연락하고 이유 없이 만난 것도 사실이다. 하지만 정작 중요한 말, '사귈래?'를 입 밖으로 말한 적은 없다. 오늘은 썸남썸녀에서 커플로 발전하기 위한 이 말을 하기 위해서 용기를 냈다.

그 뒷이야기는 대강 짐작하겠지만 은미로부터 'yes!'라는 대답을 들었다. 은미는 쑥스러워했고 나는 부끄러웠지만 우리는 이제 당당히 커플의 대열에 합류할 수 있게 되었다. 솔직하게 고백하자면 나는 은미가 내게 처음 글쓰기를 권하던 날, 바로 그날 첫눈에 반했었다. 내게 그렇게 환하게 웃으며 말을 건넨 여자애도 없었을 뿐 아니라 이렇게 예쁜 여자애도 그동안 못 봤다. 더구나 은미는 친절하고 상냥하고 잘난 척도 안 하고 솔직하기도 하다. 은미를 안 좋아할 이유는 어디에도 없다. 그동안 내 글에 간간이 알은체를 해 온 아이가 바로 자신이었다는 은미의 뒤이은 고백에 얼굴이 벌게지고 부끄러워졌지만 그 덕분에 은미는 내가 더 좋아졌다니 글이 나와 은미를 연결해 준 셈이다.

은미를 집에 데려다주고 오며 탄 엘리베이터 안에서 짜장면 냄새가 진동을 했다. 누군지는 몰라도 고민에 고민을 거듭했을 것이다. 짜장면을 먹을지, 짬뽕을 먹을지 말이다. 이런 사람들의 마음을 대변하듯 짬짜면이 나왔지만 짬짜면은 짜장면을 먹은 것 같지도 않고 짬뽕을 먹은 것 같지도 않아 어쩐지 잘 주문하지 않게 된다. 어쩌면 마음엔 중간이라는 게 없을지도 모른다. 때로는 결정하기 어려운 마음이라도 결정해야 할 때가 있다. 그래야 달라지는 게 있기 때문이다. 결정을 미루면 고민만 할 뿐 달라지는 건 없다. 짜장면을 먹고 만족할지 아쉬워할지는 일단 결정해서 먹어 봐야 알 수 있는 것처럼 말이다.

집에 들어오니 방금 엘리베이터 안을 가득 채운 짜장면 향기의 주인공은 바로 풍성이와 아빠였다. 평소 같으면 나만 빼고 먹느냐고 득달같이 화를 냈겠지만 워워, 오늘은 안 먹어도 배부른 날이어서 어서들 드시라고 말하고는 방으로 들어왔다. 집으로 돌아오는 내내 은미와 나눈 톡을 이어 가기 위해서다.

- 나, 집 도착. 넌 뭐 해?
- 그냥 있어.
- 어, 그렇구나. 주말에 인천 갈래?

- 인천? 왜?

- 짜장면 먹으러.

- 헐!!! 인천까지?

- 응. 인천에 차이나타운 있잖아. 거기 짜장면 엄청 유명한 집 있어.

- ㅋㅋㅋ 나도 알아. 가 봤어. 그러자.

- 응! ^^

이제 나는 집에서 먹는 짜장면 따위는 전혀 부럽지 않게 됐다. 나는 이번 주말에 은미와 지하철을 타고 인천에 가서 원조 짜장면을 먹을 테니 말이다. 그나저나 첫 데이트에 짜장면은 좀 그런가?

#짜장면짬뽕 #오늘부터1일 #개설렘 ♥43

　　└ 드디어, 드디어!!! 축하해요.

　　　└ 넴~ 쑥쓰쑥쓰… 감사합니다.

　　└ 와우~ 근데 첫 데이트에 짜장면은 쫌….

　　　└ 좀 그런가요? 바꿀까요?

　　└ 난 괜찮은데, 짜장면…. ^^ 오늘 솔직한 네 맘 알게 돼서 좋았어. ♥

　　　└ ♥♥♥♥♥♥♥♥♥♥♥♥♥♥

짜장면은 '작장면(炸醬麵)'에서 왔다는 게 일반적인 설이야. 중국식 된장인 '텐멘장'을 기름에 볶은 뒤, 밀가루 면발 위에 얹어 먹는 음식인데 원래는 짠맛밖에 없었대. 정리하자면, 1883년 인천 제물포항이 개항하면서 인천에 중국인들이 자리를 잡게 되었고, 고향의 맛을 그리워한 화교들이 재현한 작장면이 조금씩 변해서 오늘날의 짜장면이 되었지. 그중 왕손산이라는 사람이 1948년에 중국 텐멘장에 캐러멜을 첨가해서 단맛을 냈다네. 이전의 중국 된장과는 다른 단맛의 된장이 탄생했고, 그 덕분에 우리가 오늘날의 짜장면을 맛볼 수 있게 된 거야.

　　샘은 짜기만 했던 짜장면에 어떻게 하면 변화를 줄 수 있을까를 고민한 사람이 왕손산만은 아니었을 거라고 생각해. 하지만 고민하고 실천한 사람이 바로 그였을 뿐이야. 요즘 세상은 혁신을 외치느라 정신이 없어. 하지만 혁신이라는 건 과연 뭘까? 아마도 그건 고민을 실천하는 거 아닐까? 결국 생각이라는 건 마음속에만 있으면 안 되고 밖으로 나와서 행동으로 이어져야 뭔가 달라질 수 있을 테니 말이야. 풍미의 말처럼 짬짜면과 같은 마음은 이도 저도 아닌 거지. 마음먹기는 쉽지만 그 마음을 행동으로 옮기기란 참 어렵잖아.

마음을 먹는 것보다 더 중요한 건 먹은 마음을 어떻게 행동으로 옮기느냐 같아. 생각해 봐. 지금까지 우리가 먹은 마음이 어디 한 둘이니? 내일부터 살 빼야지, 내일부터 공부해야지, 내일부터 게임 끊어야지 등등 말이야. 하지만 그렇게 마음만 먹어서 달라진 건 없어. 정말 중요한 건 바로 지금 마음먹은 대로 실천하는 거야.

짜짱면이냐, 짬뽕이냐는 매 순간 고민하고 망설이는 마음과 같아. 하지만 고민하고 망설이는 마음을 결정하고 선택했다면 그것으로 인한 기쁨이나 후회도 모두 감당해야 하는 거잖아. 사실 짜장면이든 짬뽕이든 어떤 걸 선택했든 선택하지 못한 쪽에는 늘 아쉬움이 남는 법이야. 지금 우리들 앞에 있는 많은 일도 마찬가지 일걸. 어차피 모두를 선택할 수 없다면 덜 아쉬워할 쪽을 선택해서 실천하길 바라. 마음먹는 걸로는 어떤 일도 일어나지 않아. 알았지? 기왕이면 마음먹은 일들이 너와 주변 사람들을 행복하게 해 주는 일이라면 더 좋겠고 말이야.

그건 그렇고 말이야, 은미와 풍미! 짜장면 맛있게 먹고 와! 축하해. ㅋㅋㅋ

└ 뷔페,
└ 오늘 밤 주인공은
└ 나야, 나!
└
└

몇 년 전, 처음 오디션 프로그램이 시작되었을 무렵, 나는 초딩이었다. 익숙한 노래들을 새롭게 부르는 게 좋았고 출연자들을 지켜보며 함께 긴장하는 느낌이 좋았다. 내가 응원하는 사람이 미션을 통과하면 마치 내가 통과시켜 준 것 같은 느낌마저 들었다. 심사 위원들의 평가와 독설, 출연자들의 사연과 열정 등이 편집되어 소개될 때는 가끔씩 뭉클함마저도 들었다. 뭐랄까? 조금 감동적인 게임 같다고나 할까? 나의 투표에 따라 생존 여부가 결정되는 게임이고 나는 이 게임의 컨트롤러가 된 느낌이었다.

요즘은 공중파나 종편이나 형식 및 장르 불문의 오디션 프로그램을 많이 방송한다. 요즘의 대세는 국민 프로듀서를 앞세운 걸그룹과 보이그룹 선발 프로그램이다. 이 프로그램의 경쟁 구도나 상품화, 음원 수익금 등등의 문제점은 이미 충분히 논란이 되었고 비판하는 목소리도 크다. 수많은 소년, 소녀 들이 프로그램에 나가기 위해 노력하고 그보다 더 많은 시청자가 그들을 선발하는 프로듀서를 자처한다. 나는 여전히 이 선발 방식이 게임처럼 느껴진다. 그들의 운명을 건 거대한 예측 불가 게임 같달까? 최근에는 내 나이 또래의 남자아이 101명 중에서 단 11명만이 선발되었다. 하지만 무엇보다 이 프로그램에서 가장 아찔한 부분은 101명의 연습생이 삼각형 구도의 대열을 이루고 추는 춤이다. 그들의 집단적인 몸부림은 꼭짓점의 센터와 가장 넓은 밑면을 이루는 바닥층의 순위를 그대로 반영한다. 이 중에서 우리는 'PICK ME!'를 외치는 소녀들과 '나야, 나!'를 외치는 소년들을 PICK UP 했다. 마치 뷔페에 가서 먹고 싶은 음식들만 쏙쏙 고르듯 말이다.

야채, 과일, 소스, 볶은 고기, 구운 고기, 튀긴 고기, 삶은 면, 볶은 면, 과자, 빵, 잼, 수프, 국 등등 뷔페는 다양성을 내세우며 갖가지 음식들을 차려 놓은 곳이다. 내가 원하는 것을 원하는 만큼 먹을 수 있다는 게 가장 큰 장점이지만 가격에 따라 먹을 수 있는 것은 다르다. 일정한 금액을 제시하고 들어간 곳에서 다시 추가 요금을 지불해야 먹을 수 있는 음식들이 별개로 존재하는 공간이기도 하는, 그러니까 뷔페라는 공간을 채운 음식들은 천차만별, 제각각인 셈이다. 그럼에도 가장 기분이 별로인 것은 내가 결코 그 음식들의 진정한 주인은 아니라는 점이다. 재료를 고를 수도 원하는 음식으로 조리할 수도 없는 나는 그저 두 시간 정도만 먹을 수 있는 권리를 산 손님이다. 프로그램이 진행되는 동안만 투표권이 있는 국민 프로듀서, 시청자와 비슷하다.

오늘 은미와 진우, 진우의 여친 소연이까지 이렇게 넷이서 학원 근처에 있는 저렴한 뷔페에 갔다. 학생인 우리 입장에서 저렴한 건 아니지만 9,900원이면 뷔페계에서는 저렴한 곳으로 손꼽히는 곳이다. 은미와 소연이는 샐러드를 시작으로 국수, 피자 같은 밀가루를 먹더니 이내 케이크와 빵, 과일 등을 가지고 와서 먹었다. 배가 부르다나 뭐라나. 나와 진우는 뭐 당연히 처음부터 고기였다. 쌓이는 접시들이 치워지고 치워지는 게 반복되면서 나와 진우의 배는 더 이상 채울 수 없을 만큼 채워졌다. 그야말로 숨쉬기조차 힘들 정도로 먹은 우리 넷은 자리에서 일어났다. 우리에게 주어진 두 시간은 음식을 먹기에는 충분한 시간이지만 왠지 쫓겨나는 것만 같은 기분은 어쩔 수 없다. 뭐지 싶지만 뷔페는 원래 그렇게 세팅되어 있는 곳이다.

우리가 사는 세상도 쉽게 달라지지 않는다. 그 안에서 몸부림을 치기는 하지만 그 몸부림이 정해진 틀을 깨고 세상 밖으로 나오기란 여간해선 쉽지 않다.(불가능이라고 적고 싶진 않다.) 뷔페에 차려진 음식들 사이에서, 삼각형의 틀 안에서 열심히 춤을 추던 소녀와 소년들이 갑작스레 떠오른 까닭도 '만약 그들 중 누군가가 삼각형에서 이탈하여 다른 대열로 옮겼다면 어떻게 되었을까?' 하는 질문이 떠

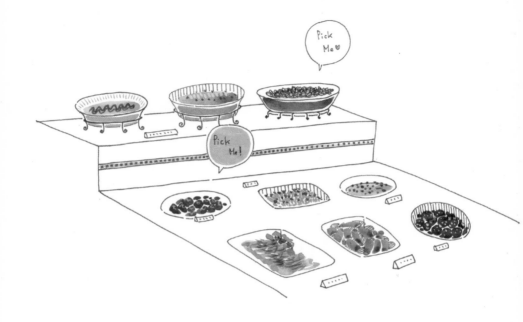

올랐기 때문이다. 아마 그랬다면 도미노처럼 대열을 이탈하는 무리들 때문에 삼각형은 무너지고 말았을 거다. 그다음엔 어떻게 되었을까? 누군가의 저지로 다시 삼각형이 만들어졌을까? 아니면 영영 삼각형이 무너지고 말았을까? 나는 그게 궁금했다.

어쩌면 우리들 또한 헤아릴 수 없는 음식들처럼 혹은 'Pick Me'와 '나야, 나'를 외치는 그들처럼 선택되길 기다리는 존재일지도 모른다. 나중에 내가 꿈꾸는 일을 하게 될 수 있기를, 혹은 적당한 직장을 잡을 수 있게 되기를, 지금 이 글이 누군가에게 선택되어 읽히기를 기대하면서 말이다. 그런데 도대체 나를 선택할 수 있는 권리는 누가 누구에게 준 거지? 돈이 많은 사람들, 권력을 가진 사람들이 나를 선택할 권리가 있는 걸까? 이런 생각들이 복잡하게 머릿속을 채워 갔다.

배를 두드리며 한숨 돌리던 차에 진우가 말했다.

"아, 배불러. 잘 먹었다. 그렇지?"

"응. 나도 배부르다. 근데 뭘 먹은 건지는 잘 모르겠어."

"엥? 은미야, 그게 무슨 소리야?"

"뭐, 차린 건 많지만 막상 먹을 건 없다는 뜻이야. 내가 먹고 싶은 게 아니라 자기들이 팔고 싶은 것만 차려 놓았잖아. 지들 맘대로 차려 놓고 돈 내고 와서 먹으라는 거 아니야?"

헐, 역시! 나는 가끔 은미의 지나가는 말들에 감동받곤 하는데 내 복잡한 머릿속을 엿보기라도 한 듯 은미는 내가 하고 싶은 이야기를 정리해 주었다. 사람들은 많은 것을 선택할 수 있는 것처럼 말한다. 하지만 곰곰 생각해 보면 사실 세상에 선택할 수 있는 것은 많지 않다. 가지고 있는 돈에 따라, 성적표에 찍힌 등수에 따라, 심지어 생김새에 따라서도 선택의 폭은 넓어지기도 하고 아예 없기도 하다. 그렇다면 국민 프로듀서 혹은 뷔페의 손님 또한 선택할 수 있는 권리를 잠시 빌린 사람들일 뿐, 진정 우리가 선택자는 아닌 것이다.

그렇다면 세상에, 아니, 내가 속한 공간에 주인이라는 사람들이 존재하기는 하는 걸까?

#기본값 #뷔페 #9900원 #오늘밤주인공은나야나아니고 ♥35

ㄴ 커플 데이트? 부럽승돠….

ㄴ 아… 감솨. ^^

ㄴ 정말 그러네요…. 자기들 맘대로 차려 놓고 먹으라니요~ 그래서 이제 뷔
페 이용 그만?

ㄴ 그럴 리가요?! 아니, 그래야 할까요?

선생님도 풍미가 말한 오디션 프로그램을 본 적이 있어. 자신의 번호를 손가락으로 만들면서 간절함을 담은 유혹의 눈빛과 표정으로 카메라를 바라보는 소년과 소녀의 모습들도 보았지. 그때 샘은 두 가지 생각이 들었어. '누군가의 열정을 담보로 하는 이런 기획 참 나쁘다!', '그럼에도 이것이 다른 방식보다는 조금 더 공정한 건 아닐까?' 하는 생각. 최소한 오디션 프로그램을 통해 실력을 보여 줄 수 있고, 그 실력을 좀 더 객관적인 방법으로 평가받을 수 있지 않을까 하는 생각을 해 본 거지. 물론 평가의 공정성, 투표의 투명성, 기회의 평등이 전제되어야겠지만 말이야. 풍미가 뷔페에서 오디션 프로그램을 떠올린 까닭이나 소비의 주체로서의 권리를 생각하게 된 까닭은 정작 본인이 소비의 주체가 아닐지도 모른다는 생각이 들어서야. 자신이 소비의 주체인 줄 알았는데 사실 소비되는 대상일지도 모른다는 생각이지. 더 큰 무엇인가에 의해서 말이야.

　그럼 그 더 큰 무엇인가는 도대체 무엇일까? 오디션 프로그램에서 11명의 아이들은 승리자일까? 아마 모르긴 해도 그렇지는 않을 거야. 그들이 서 있었던 101명의 삼각형을 더 큰 삼각형으로 옮겨 버리면 승자였던 11명도 다시 바닥의 넓은 면에 설 수밖에 없을 테니 말이야. 우리 사회의 승자는, 최종 선택자는 누구인지 몰라. 아니, 알고 있지만 모른 척하고 싶어 하는 것일지도 모르지. 거대한 기업과 자본들 말이야. 하지만 너무 실망하지는 마! 자본에 맞서고 거부하며 삼각형의 틀을 깨려는 사람들의 시도가 여전하니까 말이지. 도시를 마을로 만들려는 시도들, 공동체를 이루고 협력하려는 사람들, 돈 되는 일이 아니라 정말 좋아하는 일을 찾으며 사는 사람들도 있으니까 말이야.

어쩌면 말이야, 오늘 밤 주인공이 꼭 되어야 하는 건 아닐지도 몰라. 아니, 사람들의 주목을 받지 못했더라도 나의 이야기를 할 수 있는 나뿐 아니라, 너도 될 수 있게 말이야.

치킨,
나를 버티게 하는 힘

　　불금이다. 학생인 내게 금요일이 특별한 이유는 다음 날 학교를 가지 않고, 금요일 야식으로 치킨을 먹기 때문이다. 하필이면 금요일인 까닭은 일주일간의 용돈을 모아서 먹어야 하기 때문이다. 그러니까 이날은 일주일간 군것질을 전혀 하지 않은 나를 스스로 칭찬해 주는 날이기도 하다. 잘했어! 김풍미!

　　이게 뭐 칭찬받을 만한 것인가 싶기도 하겠지만 편의점이나 학교 매점에서 별 생각 없이 사 먹는 돈이 쏠쏠히 든다는 걸 깨달은 어느 날 나는 결심했다. '모아서 금요일 저녁에 치킨을 사 먹어 보자.', '얼마나 모을 수 있나 한번 해 보자.', '군것질을 참아 보자.' 하는 식으로. 그렇게 나는 2학기 내내 '금요일=치킨'이라는 공식을 성실하게 지켜 가고 있다. 나와의 약속을 지키는 길은 남과의 약속을 지키는 일보다 훨씬 힘들다. 유혹이 있고 유혹에 넘어간다 한들 야단치는 사람도 없다. 하지만 스스로 유혹을 이겨 냈을 때의 뿌듯함 또한 크다. 치킨은 한 주간 내가 사고 싶거나 먹고 싶거나 PC방에 가고 싶은 욕구를 견디게 해 주는, 그야말로 '치느님'이다.

금요일의 치느님은 한 주간의 기분에 따라 입은 옷을 달리한다. 어떤 날은 매운 고추를 온몸에 뒤집어쓰고 또 어떤 날은 부드러운 치즈로 온몸을 감싼다. 또 어떤 날은 아무것도 입지 않은 채 오븐에 구워 담백한 몸으로 내게 온다. 가끔 결정 장애를 겪는 닭님은 양념 반, 후라이드 반의 모습으로 오기도 한다. 그 모습이 어떠하든 나는 금요일 밤마다 1인 1닭을 하며 지난 한 주를 돌아본다. 오늘 나는 온몸에 달콤한 옷을 뒤집어쓴 허니 치킨을 선택했다. 시험이 코앞으로 다가왔고 수행 평가에 치여서 죽을 뻔한 한 주였지만 1학년을 무사히 보냈고 글쓰기도 지금까지 하고 있는 나는 칭찬받아야 마땅했기 때문이다. 달달한 꿀을 온몸에 바르고 도착한 닭님에게 오늘도 감사의 인사를 하고 다리를 들었다.

어느새 냄새를 맡고 달려온 나의 웬수 풍성이는 "형, 나도, 다리 하나만." 하고는 애교 섞인 말을 던진다. "너도 아껴서 사 먹어."라고 하고 싶었지만 내가 이렇게 말하면 엄마가 "그 돈 엄마가 준 거다. 안 나눠 줄 거면 엄마한테 닭 다 가지고 와." 할 게 뻔하다. 분명 이상한데 반박하기 어려운 엄마의 말에 나는 다리 하나를 풍성이 녀석에게 던져 주고는 다시 허니의 달달함 속으로 빠져들었다.

꿀에 빠져 윤기가 흐르는 닭님의 맛은 바삭하고 고소하면서도 달콤하다. 이 달달함이 지난 1년간 열심히 살아온 나를 위로하는 듯했다. 치킨의 기름기 넘치는 위로를 받은 나는 다시 한 주를 준비한다. 다음 주에는 1학년 마지막 기말고사가 있기 때문에 성적을 떠나 영락없이 밤을 새워야 한다. 마음은 바쁘고 준비는 많이 못 했기 때문이다. 치느님의 힘을 받아 보련다.

하지만 돌이켜 보면 나에게 치킨처럼 힘을 준 건 다름 아니라 글쓰기였다. 소심하고 겁 많고 의심 많은 내가 1년 동안 글을 쓰며 느낀 점은 바로 글쓰기 자체가 힘이라는 거다. 비록 먹는 이야기였지만 먹는 이야기 속에는 나와 친구들이 사는 이야기도 있었다. 힘든 이야기도 즐거운 이야기도 속상했던 일들도 적다 보면 어느새 견딜 만해지고 별일이 아니게 되는 것 같았다. 반대로 별일 아니라고 생각했던 일들도 적다 보면 굉장히 중요하고 놓쳐서는 안 될 이야기인 것 같기도 했다. 그러니까 나를 견디고 자라게 한 것은 치킨의 살과 기름이 아니라 글쓰기였다.

이제 1년간의 동아리 활동이 모두 끝난다. 쉼 샘은 마지막 동아리 활동 시간에 각자의 글쓰기 활동을 모두 소개하고 공개하자고 했다. 마음의 준비가 필요하다면 비공개로 해도 된다고 하셨지만 나는 공개하고 싶다. 내가 꾸준히 써 온 이야기들을 다른 친구들과도 나누고 싶기 때문이다. '야! 글이 이게 뭐냐!'라는 비난은 이제 두렵지 않다. 내가 먹는 이야기로 시작한 고민들을 함께 나누면 좋

겠다. 그리고 은미에게도.

이미 밝힌 것처럼 나는 은미와 특별한 사이가 되었다. 그동안 나의 글을 몰래(?) 꾸준히 읽어 온 은미의 응원도 한몫했다. 나는 이제 대놓고 글 쓰는 사람이 되고 싶어졌다. 앞으로 얼마나 더 얼마나 많이 쓸 수 있을지는 모르겠지만 말이다.

- 너 오늘도 1인 1닭?
- ㅋㅋ 당연하지. 오늘은 치킨으로 글 쓰려고.
- 우아, 기대된다. 나도 오늘 읽을게. 다 쓰면 연락 줘.

은미와의 문자다. 누군가 내 글을 기다리고 있다고 생각하니 책

임감 같은 게 더 생긴다. 물론 부작용도 있다. 잘 쓰고 싶은 마음이 커지다 보니 점점 글이 마음에 들지 않기도 하고, 자꾸만 이렇게 써도 되나, 저렇게 써야 하나 싶은 생각도 든다. 치킨에도 다양한 종류가 있듯 글쓰기에도 다양한 이야기가 있을 수밖에 없다고 스스로 합리화하며 일단 또 적는다. 쉼 샘 가라사대 많이 써야 글쓰기 실력도 는다는 말을 나는 지금 실천 중이다.

어느새 말끔히 사라진 치킨 박스를 정리하며 나는 아직 쓰지 못한 이야기들을 생각했다. 앞으로 어떤 이야기들을 어떻게 쓰면 좋을까. 치킨은 눈앞에서 사라졌지만 내 안에는 가득하다. 곧 위와 장을 지나 몸 밖으로 버려질 것들과 몸 안에 남겨질 것들로 구분될 거다. 글쓰기도 마찬가지다. 수많은 먹을거리들 중에서 어떤 것들은 나를 통과해서 나왔고 어떤 것들은 소화도 못 시킨 채 내 안에 머물러 있고 또 어떤 것들은 나를 성장하게 했다. 나는 앞으로 또 무엇을 쓰게 될까? 나의 글쓰기는 이제부터 시작이다.

#글쓰기의즐거움 #치느님은사랑이다 #나를견디게한힘 ♥22

ㄴ 풍미 님, 글쓰기 연재 끝인가요?

　ㄴ 아니요! 이제부터 시작이에요. ㅋ

ㄴ 치킨에 빗대지는 글쓰기라니요…. 그렇게 대단한 건가요?

　ㄴ 저에게는 그랬다는 거예요~^^ 님도 도전?

　　쉼 샘 가라사대, 많이 써야 글쓰기 실력도 는다는 말은 사실 샘의 말이 아니고 중국의 구양수라는 사람의 가라사대야. 다문다독다상량(多聞多讀多商量)은 오래전부터 알 만한 사람은 모두 알고 있는 글쓰기의 비법이야. 많이 묻고, 많이 읽고, 많이 생각하라는 뜻으로, 결국에는 스스로 의문을 제기하고 의문을 해결하며 남들과 다르게 생각해 보기를 권하지. 대학이 원한다는 비판적 사고, 창의적 사고 같은 것도 다문다독다상량으로 가능하단다.

　　요즘 지하철이나 버스를 타면 사람들은 비슷한 자세로 앉아 있거나 서 있어. 가끔 고개를 들어 도착지의 정보를 확인할 뿐 금세 비슷한 자세로 돌아가. 이들의 손에 들려 있는 스마트폰은 말 그대로 스마트함을 내뿜지만 정작 스마트폰을 사용하는 우리들은 스마트함과는 점점 거리가 멀어지는 것 같아. 굳이 필요한 것이 없음에도 쇼핑을 하고 드라마나 영화, 뉴스 등을 보거나 게임을 하면서 시간을 보내. 이게 뭐 나쁘냐고? 물론 나쁘다고만 할 순 없어. 단지 우리는 생각하지 않아. 아니, 어쩌면 생각할 필요를 느낄 틈이 없을지도 몰라. 풍미는 오랜 시간 동안 먹거리에 대해 생각했고 꽤 오랜 시간 동안 많은 분량의 글을 썼지. 그러는 동안 풍미는 스스로에게 묻고 진실이나 정의, 평등과 같은 것들에 의심을 품게 되었어.

또 풍미의 말처럼 글쓰기는 자신을 견디게 해 주는 묘한 힘이 있어. 이 힘은 써 보지 않은 사람들은 절대 경험할 수 없는 힘이야. 프랑스의 작가 샤를 단치는 책 읽기를 세상에서 가장 이기적인 행위라고 했어. 책을 읽고 나서 친구와 이야기를 나눌 수는 있지만 책 읽기 그 자체는 오롯이 한 개인이 읽고 생각해야 하는 몫이라는 거야. 샘의 생각엔 글쓰기도 마찬가지인 것 같아. 다 쓴 글을 친구와 나눌 수는 있지만 낱말 하나를 고르고 배열하여 문장을 만들고 생각을 표현하는 과정은 누구와 함께할 수 있는 일이 아니거든. 샤를 단치는 세상과 자신을 이해하기 위해 책을 읽는 행위는 이기적이지만 결국 독자가 얻는 마음은 이타심이래. 본인이 원하든 그렇지 않든 간에 책 읽기는 다른 사람들을 이해하는 마음을 얻게 해. 글쓰기도 마찬가지 아닐까? 내가 원했든 그렇지 않았든 글쓰기는 나와 세상을 조금 더 잘 이해하게 해 주는 게. 풍미를 버티게 해 준 힘도 바로 세상과 나에 대한 이해에서 비롯된 게 아닐까? 이제 풍미를 따라 너희들도 글쓰기에 한번 도전해 보는 게 어때?

번외#편

쉼 샘과 상관없는 번외 편입니다. 먹거리가 아니라 먹거리를 위한 공간, 먹거리를 위해 필요한 기구들에 대한 여러 가지 생각을 적어 보았습니다. 그동안 저의 글을 읽어 주셔서 감사했습니다. 이제 저는 고2가 됩니다. 이런 십팔, 열여덟 살이 됩니다. 먹거리 연재는 여기서 마치지만 글쓰기는 계속될 예정입니다. 그럼, 이제 번외 편 시작합니다!

주방,
기다린다는 것

주방은 엄마에게 또 다른 일터다. 맞벌이를 하는 엄마가 퇴근하고 돌아와 맨 먼저 들어가는 곳이 주방이고, 아침에 눈을 뜨고 맨 먼저 가는 곳 역시 주방이다. 생각해 본 적 없었는데 엄마에게 주방은 집의 다른 어느 곳보다 가장 오랜 시간을 보내는 곳이다.

기억을 더듬어 보면 어릴 때 나는 쉼 없이 주방 언저리를 맴돌았다. 엄마가 왜 그곳에 있는지, 불렀는데도 왜 대답을 안 하는지, 왜 엄마가 설거지를 하느라 나랑 놀지 못하는지 이해하지 못했고 짜증 섞인 엄마의 목소리에 오히려 서운함을 느끼기까지 했다. 하지만 또 그곳에서 나는 엄마와 요리하고 설거지하던 순간들이 즐거웠다. 내 어설픈 설거지 때문에 사방에 튄 물을 엄마가 닦아야 한다는 생각도 못 했고, 내가 엉망으로 자른 오이 때문에 모양이 엉망인 오이 무침을 먹어야 한다는 것은 그다지 신경 쓰이지 않았다. 내게 주방은 엄마와 함께할 수 있는 소중한 공간이었다. 하지만 지금은 주방에 자주 들어가지 않는다. 내가 뭘 해서 먹어야 할 때나 음식을 꺼내러 갈 때 정도만 주방 근처를 맴돈다.

주방은 음식을 만들고, 치우고, 보관하는 공간이다. 우리의 텅 빈 배를 채울 수 있게 하는 주방의 노동이 사람을 살게 한다. 맛있는 요리는 없던 기운을 북돋아 주고 속상했던 마음을 누그러뜨리게 도와주기도 한다. 그런 의미에서 주방은 단지 배를 채우는 공간이 아니라 힐링이자 위로의 공간이기도 하다. 하지만 주방의 이런 기능은 주방 자체만으로가 아니라 그곳을 찾는 사람들이 있을 때에야 비로소 가능하다. 혼밥이나 혼술을 하는 이들에게 주방은 더 이상 위로나 힐링의 공간이 될 수 없다. 그들의 주방은 주인이 돌아오길, 주인이 다른 누군가와 함께 돌아오길 기다리는 중일 수도 있다. 어쩌면 가족이 함께 사는 우리 집에서조차도 말이다.

나는 조용히 풍성이를 불러서 함께 마트로 갔다. 오늘 저녁엔 엄마가 좋아하는 떡볶이라도 해 드려야겠다는 생각이 들었기 때문이다. 물만 붓고 끓이면 되는 국물 떡볶이 하나와 어묵 한 봉지를 골랐다. 그리고 문자를 보냈다.

- 엄마, 저녁엔 떡볶이 해 먹자. 내가 해 줄게. 나 지금 풍성이랑 마트!^^ 뭐 더 필요한 건 없어? 엄마 카드 들고 나왔어! ㅋㅋ

냉장고,
시간을 멈출 수만 있다면

"자꾸 쓸데없이 냉장고 문 열었다 닫았다 하지 마!"

사실 내가 냉장고를 여는 이유는 딱히 배가 고프다기보다는 허전해서다. 잠깐의 공복을 참지 못해 발생하는 습관성 행동이다. 하지만 엄마는 이런 내 사정과는 상관없이 냉장고를 비우는 게 취미다. 썩어 가는 것들을 채워 놓은 느낌이 들어서라나. 엄마의 취미에도 불구하고 쉽게 비워지지 않는 곳이 있다. 바로 냉동실이다. 그 흔한 아이스크림조차 없는데 냉동실은 쉽게 비우지 못한다. 냉동만두, 치킨 너겟, 소고기인지 돼지고기인지 알 수 없는 고깃덩어리들이 생명력을 잃고 돌처럼 딱딱해져 들어차 있다. 그런데 그 누구도 이 상태를 걱정하는 사람은 없다. 왜냐하면 이것들이 따뜻한 기온을 만나 변할 것이란 걸 알기 때문이다.

영화 〈패신저스〉에는 냉동이 아닌 동면(겨울잠)의 상태로 120년을 자야 도착하는 우주 행성을 향해 떠나는 여행자 즉 패신저(passenger)들이 나온다. 줄거리와는 무관하게 이 영화는 수명이라는 인간의 한계를 기술로 극복하고, 현재가 아닌 미래를 살고 싶은 사람들의 욕망을 보여 준다. 문득 냉장고, 그중에서도 냉동실 역시 이런 마음이 반영된 곳이 아닌가 싶다. 언젠가는 인간도 스스로 걸어서 냉동실에 들어가는 날이 오지 않을까 하는 생각도 들었다. 찾아보니 이미 냉동된 채 보관되는 인간들이 있단다. 몸에서 피를 다 빼내고 액체 질소 속에 보관 중인 사람들은 돈으로 죽음 이후의 삶마저도 샀다. 과연 이들이 100년, 200년 후에 다시 깨어나 잘 살아갈 수 있을지, 그들의 몸이 냉동되기 전의 상태와 완전히 같을 수 있을지는 아직 모르지만.

영혼과 육체가 영원히 산다고 믿었던, 기원전 이집트인들은 사람이 죽은 뒤 내장을 꺼내고 뼈와 가죽만 남겨 미라를 만들었다. 거기에 다시 부활할 미라의 주인이 과거의 자신을 기억하라는 의미에서 생전의 모습과 똑같이 만든 마스크를 씌웠다. 하지만 정작 그들을 발견한 건 미라의 주인이 아닌 고고학자와 도굴꾼들이었다. 미라에 담긴 수천 년 전 사람들의 소망과 액체 질소 속에 들어가 있는 사람들의 소망은 뭐가 다른 걸까? 인간이 냉동실에서 나오면 다시 생명력을 얻을 수 있을까? 다시 이전의 삶을 기억하며 살아갈 수 있을까? 알 수 없는 일이다.

ㄴ 전자레인지,
ㄴ 길들이지 말라고!

ㄴ

ㄴ

ㄴ

가스레인지와 달리 전자레인지에는 불꽃이 없다. 그런데도 가스레인지보다 더 빨리 음식을 녹이고 데운다. 전자레인지의 원래 이름은 마이크로웨이브 오븐이다. 가스레인지처럼 용기를 데우는 대신 전자파의 일종인 마이크로파로 음식물 내부의 수분을 진동시켜 음식을 익힌다. 그러니까 가스레인지가 밖에서 열을 가해 익히는 방식이라면 전자레인지는 음식물 자체가 스스로 열을 내도록 자극을 주는 방식이다. 전자레인지에 음식을 데운다는 건 음식이 품고 있던 수분을 깨워 일하도록 하는 일이다. 하지만 전자레인지의 마이크로파에 오래 노출되면 음식물은 자신의 에너지를 몽땅 빼앗기고 만다.

고등학교 생활은 힘든 만큼 재미도 있다. 생각해 보면 중딩 때까지의 나는 가스레인지 위의 냄비 속 음식과 다름없었다. 가스레인지 불의 세기를 조절하는 사람은 엄마고 나는 냄비 속에 담긴 음식이었다. 뜨거워지면 팔팔 끓어 여기저기로 튀는 물처럼 나도 이리저리 튕겨 나가기도 했다. 하지만 고등학생이 되고부터는 스스로 열을 내는 음식물이 되었다. 학교 프로그램이나 친구, 선생님 들의 권유는 전자레인지의 마이크로파가 되어 내 안의 수분, 열정 들에 부딪쳐 힘을 내게 했다. 고등학생으로 살아가는 일은 많은 선택을 해야 하는 과정이다. 동아리, 진로, 학교에서 열리는 각종 행사의 참석 여부 등 선택해야 하는 일들이 너무나 많았다. 1년 동안 나는 많은 일에 기웃거렸다. 사실 이것저것 열심히 하기는 했지만 뭘한 건지 잘 모르겠고, 그럼에도 겨울 방학에는 2학년 생활을 위해 뭔가 더 해야 하는 게 아닌가 걱정이 되기도 한다.

'에이, 다 관둘 거야! 될 대로 되라고 해!'라고 방치할 마음도 없는 나는 좋게 말해서 진지하고 사실대로 말하면 예민해졌다. 그런데 어찌 생각해 보면 참 좋은 변화가 아닌가 싶다. 나의 이런 의문과 예민함은 이제 더 이상 엄마의 강약 조절로 제어가 가능한 가스레인지를 떠났다는 증거일 테니 말이다. 다만, 해야 할 일과 하지 않아도 될 일, 꼭 하고 싶은 일과 별로 하고 싶지 않은 일을 구분해 낼 능력을 키울 필요는 있겠다. 이제 나에게 필요한 건 불의 강약을 조절해 주는 엄마나 어른들이 아니라 전자레인지의 마이크로파처럼 스스로의 열정을 깨울 수 있는 자극이 아닐까?

도마와 칼,
삶과 죽음은 바로 이곳에

오늘도 엄마의 칼질 소리에 잠이 깼다. '탁탁탁탁' 하는 할머니의 경쾌한 칼질 소리와 달리 엄마의 칼질 소리는 둔탁하고 느리다. 이 소리는 엄마가 쓰는 칼이 무디기 때문이고 재료를 천천히 여러 번 눌러 썰기에 나는 소리다. 엄마는 칼 좀 갈아 쓰라는 할머니의 말씀에 '무서워서요.'라는 대답을 십 년 넘게 하고 있다. 할머니의 '뭐가 무섭냐?'에 엄마는 '쟤들, 살아 있을 때가 자꾸 생각나서요.'라고 답한다. 그렇다. 엄마가 무서워하는 것은 손에 날 상처가 아니다. '쟤들'로 정리되는 닭이나 돼지부터 고등어, 갈치와 같은 애들까지. 죽음을 통과하여 재료가 된 채 도마에 가지런히 누워 있는 것들에서 살아 꿈틀거리던 시절을 상상하며 느끼는 무서움이다. '그럼 채식을 하든가'라는 생각이 들다가 '오, 노! 절대 안 돼! 나는 못 해!'라고 외친다.

　내게 주방은 생각만으로도 달콤하고 고소하며 마음이 편안해지는 안식의 공간이다. 그런데 엄마의 '무서워요'를 곱씹을수록 부엌은 잔인하면서도 절박한 공간이 되고 만다. 나의 생존을 위해, 나의 즐거움을 위해 한때 살아 움직이던 것들의 죽음을 대면해야 하는 공간이 아닌가! 엄마의 말을 빌리자면 '다행히도!' 살아 있을 때의 형태를 유지하고 있지 않은 까닭에 좀 덜 미안하고, 많이 둔해지는 것뿐이라고. 오늘도 엄마는 생선의 몸을 세 도막 내며 말한다. '미안해. 고마워'. 흥! 칫! 뿡!

　엄마의 둔탁한 칼질 소리에 다시 떠오른 이러한 생각은 안 그래도 일어나기 싫은 몸을 자꾸만 이불 속으로 끌어들인다. 칼은 돌을 갈아 쓰면서 생겼다. 뭉툭해서 풀 따위를 벨 수나 있을까 싶었던 칼이 점점 날카로워져 동물의 심장을 찌를 수 있게 되기까지는 꽤 오랜 시간이 걸렸을 것이다. 배고픔을 이기고 삶을 위협했던 동물들에게서 벗어나려는 살기 위한 발전이었다. 하지만 칼은 점점 동물이 아니라 사람의 심장도 찔렀다. 배고픔과 두려움에서 벗어난 인간은 다른 인간에게도 칼을 겨눴다. 어쩌면 엄마가 무서워하는 진짜 이유는 이렇게 아무렇지 않게 죽음을 마주하는 공간에 대한 두려움일 수도 있다. 자신 안에, 아니 사람들 안에 내재하는 살생이라는 폭력성을 떠올리기 때문일 수도 있겠다. 인간성이라는 것 안에는 폭력과 잔인의 요소도 있으니 말이다.

아주 먼 옛날, 사람들이 쌓아 올린 제단과 그 위의 제물을 상상해 본다. 자신의 형상을 그대로 지닌 양이나 소 앞에서 사람들은 고마움과 미안함, 신에 대한 경외심을 품었을지도 모른다. 신성한 동물이었을지도 모를 것들이 가축이라는 범주 안으로 들어와 식탁으로 올라오면서 그들의 몸통은 수십 조각으로 잘리고 부위별로 포장된다. 잘 손질된 살들은 제단을 닮은 도마라는 작고 낮은 판 위에 올려진다. 이곳에서 다시 손질된 제물들은 때로는 제육볶음이나 불고기가 되어 사람들의 상에 오른다. 엄마의 둔탁한 칼질은 어쩌면 두 아들의 입으로 들어갈 음식을 만들기 전 행해지는 혼자만의 제의일지도 모르겠다. 쓸쓸하게도 원래의 모습을 잃은 그것들을 애도하며 저 마음 깊은 곳에 존재하는 자신의 이기심과 잔인함을 마주하면서 말이다.

"아들! 일어나! 밥 먹어!"

드디어 엄마의 제의가 모두 끝났나 보다.

└ 레시피,
└ 나만 할 수 있는 것이
└ 사라지고 있어
└
└

    학교에서 주관한 올해의 글쓰기 대회 주제는 'AI'였다. 나는 조류 독감에 대해 썼고 진우는 인공 지능에 대해 썼다. 세상에, 나는 인공 지능은 생각도 못 했다. 진우는 조류 독감은 생각도 못 했단다. 같은 단어를 두고도 서로 다른 주제로 글을 썼다는 걸 알고 사람은 참 다르구나 생각했다.

  사실 조류 독감뿐 아니라 인공 지능 이야기도 더 이상 생소한 내용이 아니다. 알파고의 등장 이후 인공 지능은 어디에서나 들을 수 있는 이야기가 되었다. 인간과는 비교할 수 없는 학습 속도와 이들이 만들어 내는 결과물은 인공 지능을 개발한 인간보다 훌륭하다. 하지만 이런 발전이 우리의 삶을 어떻게 나은 방향으로 이끌어 갈 수 있다는 건지는 아직 잘 모르겠다. 오히려 그들 덕분에 인간은 더 단순해지고 더 생각할 필요 없이 살게 되지 않을까?

　요즘 '○○○레시피'라 불리는 각종 레시피가 인기다. 나 역시 검색을 통해 김치볶음밥, 매운 떡볶이 등에 성공했다. 웬만하면 실패하기도 어려운 레시피들이 어쩐지 우리의 삶을 편리하게 해 줄 거라는 점에서 AI와 닮은 것 같다. 할머니가 해 주던 뼈감자탕이나 갈비는 어디에서도 맛볼 수 없는 맛이었지만 이것이 특정 이름을 단 레시피가 되는 순간 특별함은 사라지고 평등한 맛이 되고 만다. 레시피의 등장은 실패를 가져가는 대신 실패에 대한 두려움을 가져다준 것일지도 모른다. '야, 보고도 못 하냐!'와 같은 빈정거림. 이제 먹고 싶은 게 있으면 검색창에 요리를 검색하고, 별다른 고민 없이 요리법을 따라 하면 된다. 주어진 레시피에 자신의 생각을 보태면 원하는 맛을 얻지 못할 수 있으니 주의해야 한다.

　집집마다 최첨단 레시피를 장착한 요리봇이 등장할 날도 머지않은 듯하다. 우리 집에서든, 남의 집에서든 맛이 비슷한 요리를 맛볼 수 있는 세상, 업그레이드 속도와 출시 연도에 따라 맛이 결정되는 세상이 올지도 모른다.

　어쩐지 나는 불편하고 맘에 안 든다. '조금 맛이 없어도 먹을 사람을 생각하며 사람이 만든 게 더 낫지 않을까?'라고 생각하다 '먹을 사람을 생각하는 것'조차 인공 지능이 하게 되는 건 아닐까 싶어서 가슴이 답답해진다. 그럼 정말 나는 무엇을 할 수 있을까? 그럼 정말 사람은 무엇을 하며 살아야 할까?

열일곱의 맛 철학

20××년 3월 ○○일   목록보기 | 요약보기 | 펼쳐보기

에필로그 :

10818 강백호, 신청합니다.

   벌써 2학년이 되었습니다. 저도 어느새 '선배'라는 말을 듣게 되었죠. 쉼 쌤과 은미를 만날 수 있었던 글쓰기 동아리는 올해도 계속합니다. 당연히 동아리 회원도 모집하고요.

   올해 1학년들은 유난히 시끄럽습니다. 작년에 저희도 저랬나 싶을 정도로 어리바리해 보이고 시끄러워서 복도가 떠나갈 지경입니다. 3월이면 조용할 만도 한데 정말 올해 1학년은 대단합니다.

   지난주엔 1학년 교실에 홍보물을 붙이고 교실에 들어가 동아리 홍보를 했습니다. 저와 은미, 성주, 연아, 이렇게 네

명이 한 조가 되어서 동아리를 홍보했지요. 예상했던 첫 반
응인 '에이, 그렇게 재미없는 걸 왜 해요?'는 백퍼 적중하고
말았습니다. 사실 성주나 은미의 외모가 아니었다면 아이들
은 우리들의 이야기에 귀를 기울이지조차 않았을지도 모릅
니다. 누가 봐도 잘생긴 성주가 웃을 때마다 아이들은 "선배
님, 여자 친구 있어요?"를 물었고 은미를 보고는 "우아, 저
누나 되게 예쁘다."라고 웅성거렸지요. 우리의 전략이기도
했지만 막상 이런 반응만 나오니까 왠지 기분이 나빴습니
다. 쉼 샘은 이런 제 맘을 눈치챘는지 "풍미야, 글쓰기는 억
지로 되는 게 아니야. 알지?" 하십니다. 너무 많은 아이들을
모으려고 애쓰지 말라는 뜻이겠지만 사실 저는 한 명도 안
오면 어쩌나 하고 두려웠습니다. 이런 걱정과 달리 열 명이
조금 넘는 아이들에게서 문자가 왔습니다.

― 10818 강백호, 신청합니다.

백호라면 제가 이미 알고 있는 아이입니다. 진우의 사촌
이지요. 하지만 진우에게 전해 들은 백호는 그야말로 중2병

에 단단히 걸려서 멋만 낼 줄 아는 말썽쟁이입니다. 그런데 무슨 바람에 어울릴 것 같지 않은 글쓰기 동아리에 지원했는지 이해가 되지 않았지요. 제 맘속엔 동아리에 지원한 남학생들은 모두 은미를 보고 신청한 듯하고, 여학생들은 성주를 보고 지원한 것처럼 느껴졌거든요. 그래서 첫 모임에 오지 않거나 이상한 소리를 하는 아이들은 동아리에서 내쫓아야겠다는 생각도 했었지요. 제가 뭐라고 말입니다. 어찌 되었든 동아리 첫 모임이 시작되었습니다.

"나는 김풍미야. 반가워. 우리 동아리는 글쓰기 동아리야. 작년엔 각자 쓰고 싶은 주제로 글쓰기를 했었어. 우선은 각자 자기소개랑 쓰고 싶은 글에 대해 이야기해 보면 어떨까?"

저의 인사말에 아이들이 자기소개를 하고 글쓰기에 도전하게 된 이유를 말했지요. 이유는 아주 다양했습니다. 그리고 드디어 백호, 강백호의 차례가 되었습니다.

"안녕하세요. 저는 강백호라고 합니다. 여기 김풍미 선배님의 절친이 저의 사촌 형입니다. 사실 사촌 형에게 풍미 선배님의 블로그를 소개받았고, 그동안에 연재하신 글들도 읽어 보았습니다. 재밌더라고요. 저도 고등학교에 진학하면서 뭔가 새롭게 도전하고 싶어서 지원하게 되었습니다."

저는 백호의 이 말이 칭찬인지 욕인지 판단할 겨를도 없이 진우 이 녀석은 무슨 생각으로 나를 소개했을까를 추리하느라 바빠졌습니다. 그와 동시에 여기저기에서 "우아! 대박! 선배님 블로그 주소 뭐예요?" 하고 난리가 났습니다. 쉼 샘은 그저 웃기만 하시고 쑥스러운 저는 되레 큰 소리로 한마디 했습니다.

"넌 뭐에 대해 쓰고 싶은데?"

"아직 잘 모르겠는데요, 사실 저는 패션에 관심이 많아요. 선배님 따라 '열일곱의 멋 철학'을 써 볼까 하는데 괜찮을까요?"

"야, 그거 아무나 쓰는 거 아니거든!"

"네, 알고 있어요. 그리고 저 아무나 아니거든요!"

우리의 이야기는 이렇게 마무리합니다. 강백호의 등장으로 앞으로의 이야기는 더 흥미진진해질지도 모르겠습니다. 그동안 감사했습니다.

〈끝〉

우리 안엔
풍미가 산다

먹는다는 건 뭘까?

우리는 단지 배를 채우기 위해서만 먹는 건 아니다. 누군가와 함께 시간을 보내기 위해서, 소문난 맛집이 궁금해서, 때로는 주머니에 있는 돈을 헤아려 형편에 맞는 것을 골라 먹기도 한다. 그러니까 먹는 일은 단지 생리적인 현상이기만 한 것이 아니다. 먹는 일은 곧 추억이나 호기심이 되기도 하고 경제적 상황을 살피는 일이 되기도 한다. 또한 먹는다는 건 살겠다는 의지의 표현이다. 여기에 '무엇을, 어떻게 먹는가'가 연결되면 삶의 방향도 엿볼 수 있다. 채식만을 하는 삶, 유기농 농산물을 사는 일, 지역 농산물을 소비하는 일 등은 어떠한 삶을 살겠다는 의지의 표현이기도 하다. 음식물 쓰레기가 넘쳐 나는 세상에서 한 끼를 염려해야 하는 삶을 상상해 보고 다른 이의 삶에 관심을 가져 보는 일 역시 먹는 일과 연관되어 있다. 그러니까 먹는다는 건 삶 전체를 되돌아보고, 품어 보고, 생각해 보게 하는 일이다. 우리 삶에서 먹는 일은 참으로 소중하다.

나는 책 속 풍미의 목소리를 빌려 바로 이 소중한 일에 대해 이야기하고 싶었다.

또 한 가지, 먹을 것을 좋아하는 풍미를 통해 쓰기와 읽기의 기쁨을 전하고 싶었다. 이제 막 고등학생이 된 풍미에게 글쓰기는 자신이 가장 좋아하는 것을 새롭게 볼 수 있는 기회가 되었다. 우리는 풍미 덕분에 말랑하고, 아삭하고, 고소하고, 개운한 맛 속에서 세상을 다시 볼 수 있는 기회를 얻었다. 모두 쓰기와 읽기 덕분이다. 이 책을 읽은 여러분도 자신이 가장 좋아하는 것을 이리저리 살펴보고 글로 쓰다 보면 세상이 달리 보일 수 있을 거란 장담을 해 본다. 참치 캔 속에서 거대한 바다를 발견하고, 냉장고에서 영생에 대한 인간의 욕망을 발견하는 일처럼 말이다.

마지막으로 우리 모두의 마음 안엔 살펴보고 생각하고 알아보고 쓰려는 욕망, 또 다른 풍미가 살고 있음을 말해 주고 싶다. 여러분도 풍미처럼 자신이 좋아하는 것과 세상을 연결하고 고민하는 글을 쓸 수 있다면 참 좋겠다.

한 권의 책이 나오기까지 늘 애써 준 편집자 이슬 님과 엄마의 글을 읽고 자신의 경험과 생각을 아낌없이 나눠 준, 먹을 것을 사랑하는 십 대 소년 김태준에게 감사의 말을 전한다.

2018년 2월, 매우 추운 어느 날
정수임

열입곱의 맛 철학

1판 1쇄 발행일 2018년 2월 7일 | 1판 3쇄 발행일 2020년 12월 22일

글쓴이 정수임 | 일러스트 숨은달 | 펴낸 곳 (주)도서출판 북멘토 | 펴낸이 김태완

편집주간 이은아 | 편집 김정숙, 조정우 | 디자인 책은우주다, 안상준 | 마케팅 최창호, 민지원

출판등록 제6-800호(2006. 6. 13.)

주소 03990 서울시 마포구 월드컵북로6길 69(연남동 567-11) IK빌딩 3층

전화 02-332-4885 | 팩스 02-6021-4885

인스타그램 https://www.instagram.com/bookmentorbooks_ _

페이스북 https://facebook.com/bookmentorbooks

ISBN 978-89-6319-258-1　(43190)

이 도서의 국립중앙도서관 출판예정도서목록(CIP)은 서지정보유통지원시스템 홈페이지(http://seoji.nl.go.
kr)와 국가자료공동목록시스템(http://www.nl.go.kr/kolisnet)에서 이용하실 수 있습니다.(CIP제어번호:
CIP 2018002489)